日本のデフレ

衣川恵

日本経済評論社

はしがき

本書は、一九九〇年代半ばから今日まで続く平成デフレーションの原因と構造を中心に研究したものである。この平成デフレは、バブル経済と密接に関連しているため、本書は拙著『日本のバブル』（新訂版、日本経済評論社、二〇〇九年）の姉妹編となっている。

バブルの頃には、日本経済は非常に活気に満ちていた。しかし、バブルが崩壊した後は、沈滞ムードに包まれ、将来に希望の持てない国になってしまった。

また、戦後日本はインフレーションとの闘いであったと言われるほどに、しばしばインフレが重要問題として浮上した。デフレという現象は、歴史上の経済現象という感があった。ところが、いったんデフレが始まると、予想外に長期間継続し、デフレが社会の大問題となっていった。このような長期のデフレーションを経験している先進国は、日本をおいて他にはない。アメリカの大恐慌や日本の昭和恐慌においても、デフレーションは数年で解消した。

平成デフレの特質を解明するために、松方デフレ、昭和デフレならびに戦後インフレとの比較研究を行った（第三章・第四章）。また、デフレは、通貨にかかわる現象であるため、通貨問題や金融政策に触れることが必要になった。そのため、インフレ・ターゲティングやデフレ論争について検討した（第五章）。さらに、デフレ脱却の口火を切った第二次安倍晋三内閣（二〇一二年一二月発足）によって始まったアベノミクスについても検討した（第六章）。

　このような理由から、小著ではあるが、明治から今日に至る、金融経済の大パノラマを鳥瞰することとなった。しかし、温故知新の言葉のとおり、故《ふるき》を温《たず》ねることによって、見えてくるものがある。

　このような作業を経て発見したことは、平成デフレーションは、日本の過去の大きな経済問題と共通点があるということである。端的に言えば、平成デフレは、日本の通貨政策（外為政策とも言える）の失敗に根本原因がある。しかし、日本の通貨政策の失敗は、これが最初ではない。昭和初期の金解禁、一九八〇年代半ばのプラザ戦略でも、失敗している。

　平成デフレは、プラザ戦略の失敗と二〇〇〇年以降の日銀の金融政策の失敗が重なって、長期かつ深刻なものとなった。そして、このデフレが進行する中で、日本を基地として輸出・輸入の好循環を特色とする戦後日本の生産構造が大きく変容せしめられた。平成デフレは、日本経済が衰弱していることを示す「体温」である。日本経済の体温が長期にわたって低下し続けているのである。

　きちんとした治療をして、日本経済を再生することが喫緊の課題となっている。そのため、日本経済再生の方向性について検討した（終章）。

　一般の方々にもお読みいただけるように、金融の基礎的な説明を補足しているので、ご覧いただければ幸甚である。また、大学で金融経済関係の参考書として利用できるように企図している。

　人物の肩書きは原則として当時の肩書きとし、敬称は省略させていただいた。また、古い文献の引用においては、旧かな文字を現代のかな文字に改め、引用者によるふりがなはひらがなで付した。

前著に続いて出版をお引き受けいただいた日本経済評論社の栗原哲也社長、執筆を促してくださった清達二氏、編集作業と有益な助言をしていただいた梶原千恵氏に衷心より感謝の意を表したい。

二〇一五年九月

著者

目次

はしがき　iii

第1章　平成デフレの原因……1

一　超長期の平成デフレ　2
二　資産暴落の影響　7
三　金融恐慌の衝撃　13
四　過剰資本の整理　19
五　通貨政策の失敗による円高の高進　27

第2章　平成デフレの構造……39

一　円高による企業の日本脱出　40
二　失業の増加と減収　51
三　地方経済の衰退　56
四　消費支出と設備投資の減少　63

五　消費者物価の下落　68

第3章　松方デフレと昭和デフレ……79
一　近代的貨幣制度の確立と松方デフレ　80
二　反動恐慌と昭和金融恐慌　87
三　金解禁　99
四　昭和恐慌　107
五　昭和デフレ　113

第4章　戦後の物価問題……121
一　戦後インフレーション　122
二　高度成長期のインフレーション　131
三　スタグフレーション　140

第5章　デフレ論争……147
一　現代の通貨　148
二　インフレ・ターゲティング論争　153

三　デフレ論争　158
四　論争の評価　164

第6章　アベノミクス……175
一　アベノミクスの登場　176
二　異次元の金融緩和　181
三　アベノミクスの評価　184

終　章　日本経済の再生に向けて……203
一　平成デフレからの脱却　203
二　日本の針路について　211

主要参考文献　217

第１章
平成デフレの原因

一九八〇年代後半、日本のバブルが世界の注目を浴びた。しかし、このバブルも、他のバブルと同様に、崩壊の運命を免れることができなかった。九〇年の市場が開いたとたんに、株価が急落し始め、地価も翌九一年から下落を開始した。

不況が深刻化するなかで、日本では戦後なかったデフレーション（物価の持続的な下落）が九五年から始まった。このデフレは二〇一五年の今日に至るまで続いており、先進諸国では日本を除いて皆無である超長期のデフレである。

過去の経験では、大型バブル（または大型景気）の後に数年のデフレが続くことがある。大型バブルの際に積み上げられた過剰資本が整理される過程で、深刻な不況が発生し、物価の下落が生じうるからである。しかし、このようなメカニズムだけから、この二〇年にも及ぶ超長期の平成デフレを説明することは困難である。

本章では、平成デフレの根本原因を解明する。

一　超長期の平成デフレ

二〇年間も続く平成デフレ

デフレーションは、物価が持続的に下落する現象である。消費者物価指数をみると、最初に一九九五年に下落した後、九七および九八年は若干の上昇となったが、九九年から二〇一二年まで、ほぼ継続して下落傾向が続いた（表1‐1）。九六年は上昇率が〇％であるが、これは原油価格の高騰による輸入物価の上昇の影響を受けたものである。九六年のGDPデフレーター（輸入物価の影響を除いた純国内物価）はマイナス〇・六％となっている。また、九七年と九八年の上昇は、九七年四月一日に消費税が三％から五％へと二％引き上げられたことが影響している。消費税二％の引き上げを考慮すれば、実質的には九七年、九八年ともに消費者物価は下落しているとみてよい。

二〇〇六年と〇八年は、消費者物価がそれぞれに〇・三％と一・六％の上昇となっているが、これは原油価格の高騰等による輸入物価の高騰の影響を受けたものであり、GDPデフレーターは両年ともマイナスの値となっている。一四年については、アベノミクスの展開（第六章参照）によってやや経済状況が好転しているとはいえ、消費者物価が三・四％、GDPデフレーターが一・六％上昇しているのは、一四年四月一日に消費税が三％引き上げられた影響が強く作用しているためである。

以上のように、消費税の増税と原油価格等の高騰による輸入物価の上昇の影響を考慮すれば、九

表 1-1　GDP デフレーター・消費者物価・輸入物価の推移

（単位：%）

年	GDP デフレーター	消費者物価	輸入物価	外生的物価変動要因
1991	2.6	3.3	−8.2	
92	1.6	1.6	−6.1	
93	0.4	1.1	−10.3	
94	0.1	0.5	−5.6	
95	−0.5	−0.3	−0.1	
96	−0.6	0.0	9.7	原油高騰
97	0.5	1.6	7.5	消費税 2% 引き上げ
98	0.0	0.7	−4.9	
99	−1.3	−0.4	−9.3	
2000	−1.7	−0.9	4.7	
01	−1.2	−0.9	6.0	
02	−1.6	−1.1	−1.5	
03	−1.7	−0.3	−0.9	
04	−1.4	0.0	4.2	
05	−1.3	−0.4	13.1	原油高騰
06	−1.1	0.3	13.9	〃
07	−0.9	0.1	7.6	〃
08	−1.3	1.6	8.6	〃
09	−0.5	−1.5	−25.3	
10	−2.2	−0.8	7.0	
11	−1.9	−0.3	7.5	
12	−0.9	0.0	−0.3	
13	−0.5	0.5	14.5	原油高騰
14	1.6*	3.4	4.2	消費税 3% 引き上げ

（注）1. GDP デフレーターは 2000 年までは『国民経済計算年報』2011 年版，それ以降は 2013 年版．2014 年の GDP デフレーター（*）は一次速報値．
2. 消費者物価は持家の帰属家賃を除く総合．

（出所）内閣府『国民経済計算』および GDP 速報，総務省『消費者物価指数年報』，日銀『物価指数年報』より作成．

五年から二〇一四年までは、GDPデフレーターは実質的に継続してマイナス値であると解釈でき、純国内物価は下落し続けているとみなすことができる。それゆえ、平成デフレーションは、少なくとも、九五年から二〇一四年まで、二〇年間継続していると言うことができる。

日本経済がデフレに突入した時期については、消費者物価指数の数値からストレートに判断して、この度のデフレーションは一九九九年から始まったとみなす経済学者もある。たとえば、吉川洋教授は、「日本経済は一九九〇年代初頭にバブルが崩壊した後、一九九七／九八年の金融危機を経て、九九年デフレーション（消費者物価指数＝CPI）に陥った」と述べている(1)。

また、内閣府『経済財政白書』（二〇〇一年版）は、消費者物価指数が二〇〇〇年からマイナスになっており、「デフレの状態にある」と述べている。また、「一国の経済活動全般の物価水準を示すGDPデフレーターでみた場合は、九〇年代半ば以降緩やかなデフレの状態にあり」とも記している(2)。経済企画庁（総理府の外局）は、〇一年一月に統廃合されるまで『経済白書』を発行していたが、日本経済がデフレにあることを認めなかった。『経済白書』が廃刊となり、内閣府が編集する『経済財政白書』に衣替えして、初めて日本経済がデフレに陥っていることが認められた。ちなみに、創刊の辞は、竹中平蔵経済財政政策担当大臣が執筆している。本書は、この〇一年版『経済財政白書』の後段の見解に近い。

日本は天然資源（特に原油）の多くを海外に依存しているために、かなりの程度、国内物価が輸入物価の影響を受けるが、平成デフレはこのような輸入物価の下落を原因として生じたものではない。表1-1のように、輸入物価が上昇しても、消費者物価の下落傾向が続き、またGDPデフレーターは、消費税引き上げという要因を除外すれば、継続して下落しているのである。ただし、円高などによる輸入物価の下落が消費者物価の下落を強める年もあったことは事実である。たとえば、〇九年においては、GDPデフレーターの下落は〇・五%に過ぎなかったが、輸入物価が二五%も下落したために、消費者物価が一・五%の下落となっている。

さて、平成デフレは、歴史的にみても、異常に長い。昭和恐慌時の日本のデフレーションやアメリカの一九二九年大恐慌後のデフレーションも、これほど長くはなかった。

一九二七（昭和二）年三月に昭和金融恐慌が発生し、また二九年一〇月にアメリカの大恐慌が始まった。その直撃を受けている最中の三〇年一月、浜口雄幸《おさち》内閣（井上準之助蔵相）が金輸出解禁に踏み切ったために、昭和（経済）恐慌となった。世界大恐慌の嵐が吹きすさび、輸出が急減するなかで工業生産が低下し、金解禁による円の価値の上昇（兌換制＝金本位制への復帰による円の価値の上昇）による物価下落がデフレーションを深刻化させた。都市では失業者が急増し、農村では農産物の大幅下落により困窮者が激増した。この時期の消費者物価の推移をみると、第一次大戦後のブームの反動から脱していなかった二六年に六・一%の急落となった。その後、二～四%台の下落が続き、三〇年と三一年には一〇%を超える厳しいデフレとなった（家賃を除く総合）。金融恐慌、アメリカの二九年大恐慌、金解禁（金本位制復帰）、昭和恐慌と、近代化が始まって間もない日本にとってきわめて厳しい状況となった。

表 1-2　1929 年恐慌前後の日米消費者物価の比較

（単位：%）

	日本	アメリカ	備考
1925	0.3	2.5	
26	−6.1	1.0	
27	−2.3	−1.9	3 月：昭和金融恐慌
28	−4.4	−1.3	
29	−2.6	0.0	10 月：アメリカ大恐慌
30	−11.6	−2.5	1 月：日本が金輸出解禁→昭和恐慌
31	−13.1	−8.8	12 月：日本が金輸出再禁止
32	1.6	−10.3	
33	3.8	−5.1	4 月：アメリカが金輸出再禁止
34	1.9	3.4	
35	3.3	2.5	
36	2.9	1.0	
37	8.3	3.6	
38	10.9	−1.9	

（出所）　大川一司編『物価（長期経済統計 8）』東洋経済新報社，1967 年．U.S. Department of Commerce, *Historical Statistics of the United States*, 1975.

しかし、浜口首相がテロリストの凶弾に倒れ、その後を継いだ若槻礼次郎内閣も三一年一二月一一日に総辞職し、同月一三日に犬養毅内閣が成立した。高橋是清大蔵大臣は、就任即日に、間髪を入れず金輸出再禁止に踏み切り、積極的な金融財政政策を展開した。これにより、景況が上向き始めた。日本が次第に軍拡を進めるなかで、積極財政が景気を転換させた。三二年からデフレは止まり、物価が徐々に上昇していった。昭和恐慌時のデフレは六年間で終息した（表1-2）。

他方、アメリカでは、近代産業が目覚ましい発展を遂げ、一九二〇年代後半は株価と不動産の大バブルが発生した。しかし、二九年に株価が暴落して世紀の大恐慌となった。多数の銀行が破綻し、失業者が街に溢れ返った。しかしながら、消費者物価の下落は三〇年から三三年までであり、デフレは四年間続いただけであった。

また、一〇〇年に一度と言われた、二〇〇八年九月のリーマン・ショックの際にも、アメリカの消費者物価は〇九年にわずかに下落しただけであり、翌年からすぐに上昇に転じた。日本のように長いデフレは、先進諸国のどこにもない。

平成デフレは、先進工業国でありながら、二〇年もの長期にわたって続いている。大型バブルの反動があるとはいえ、それだけでこのような長期のデフレを説明することはできない。以下でみるように、バブルの反動のほか、政府や日本銀行（日銀）の政策の失敗などが重なって、超長期の平成デフレが続いたと考えられる。

二　資産暴落の影響

株式資産の暴落の影響

一九八〇代後半に暴騰した株価は、八九年末に三万八九一五円の最高値を付けた後、翌年の初めから暴落していった（以下、日本の株価の指標は日経225を用いる）。株価が暴落するのにともなって、株式資産総額も急激に減少していった。八九年末の日本全体の株式資産額は八九五兆円であったが、九〇年末には五九四兆円に激減し、一年間に三〇〇兆円が消滅した（図１-１）。さらに、

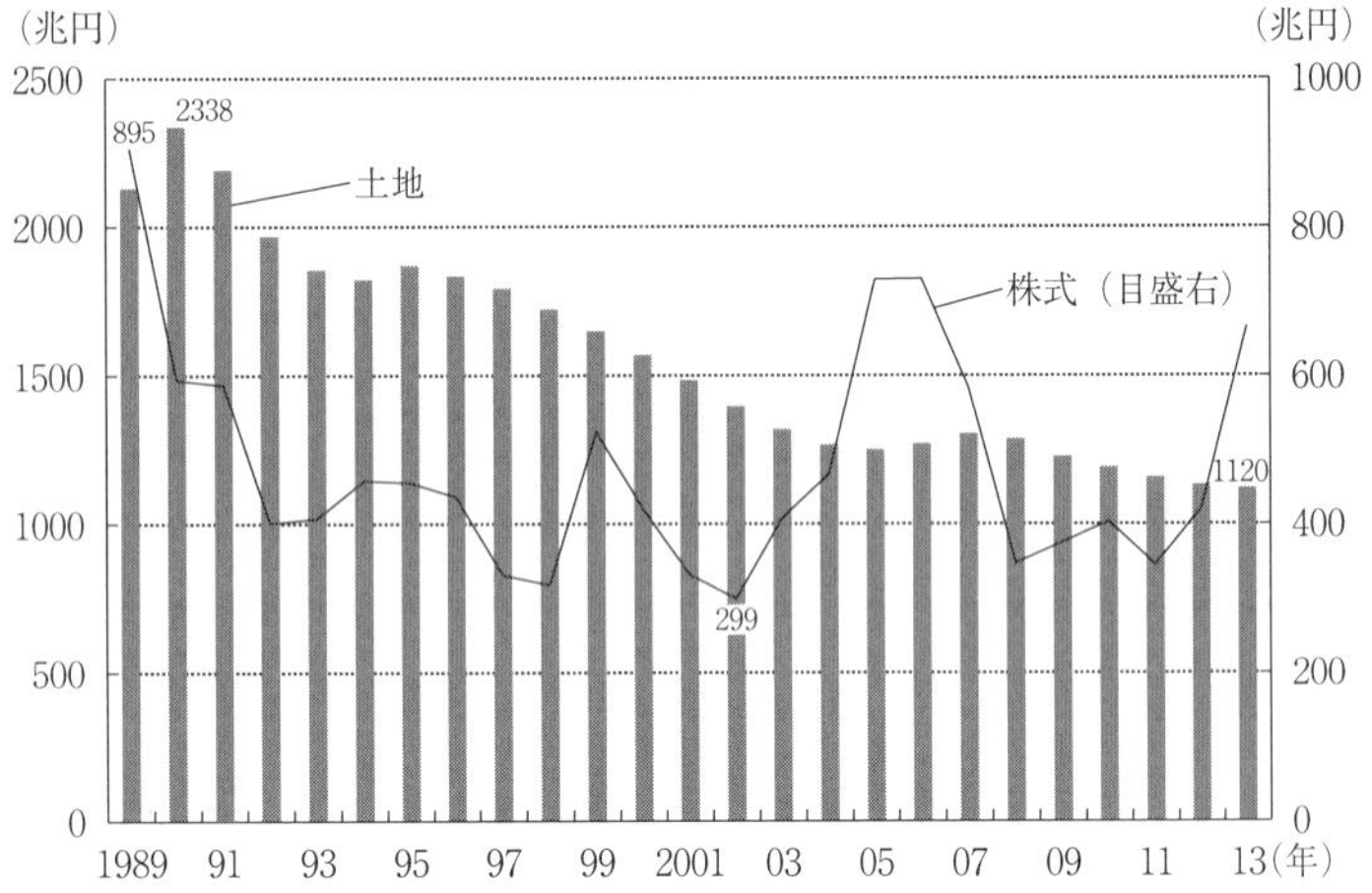

（出所）　内閣府『国民経済計算』より作成.

図 1-1　土地・株式資産額の推移

九二年末には、四〇一兆円まで減少し、三年間でピークから五五％が泡となって消えた。

このようななかで、国際決済銀行（ＢＩＳ）の自己資本比率規制が日本の金融システムに重荷となって効いてきた。日本のバブルが真っ盛りであった八八年六月に、国際決済銀行の銀行規制・監督委員会が、銀行経営の健全化と競争の不平等を除去するため、銀行に対する自己資本比率規制の国際統一のための枠組みに合意した（同年七月、ＢＩＳ総裁会議でも了承された）。その内容は、国際業務を行う銀行に対して、自己資本比率を八％以上に維持することを求めるものであった。また、国内業務だけを行う銀行に対しては、自己資本比率を四％以上に維持することが求められた。

一般に、これはＢＩＳの自己資本比率規制と言われるものであり、単純化すると、自己資本比率は次式により算定される。

$$自己資本比率 = \frac{自己資本}{リスク資産} \times 100$$

ＢＩＳの自己資本比率規制は、経過措置が設けられ、日本の場合、九三年三月期決算以降から実施することが求められた。ところが、当時は、日本の大手銀行でも自己資本比率八％を満たしていないのではないかということが懸念された。そのような状況下で、株価が暴落し、日本の銀行にとって大きな制約となった。右の自己資本比率の算定式において、日本の銀行は保有する有価証券の含み益の四五％を自己資本に算入することが認められた。ところが、株価が暴落したために、株式の含み益が急減し、分子の自己資本額が減少して、もともと低い自己資本比率がさらに低下する恐れが出てきた。

　また、ＢＩＳの自己資本比率規制の実施にともない、九八年四月から銀行等金融機関に対する早期是正措置が導入された。この措置によって、国際統一基準適用の金融機関では自己資本比率が八％を下回った場合、また国内基準適用の金融機関では自己資本比率が四％を下回った場合に、経営改善計画の作成とその実施が命令され、いずれの金融機関も自己資本比率がゼロ％を下回った場合には、業務の一部または全部の停止命令が出されることとなった。このような事情が、金融機関の貸出を急減させ、平成不況をいっそう深刻なものにし、デフレーションを長引かせる要因となった。

　さらに、株価の暴落は、企業が株式市場で資金調達を行うことを困難にしただけでなく、投資家の投資意欲を削ぎ、平成不況を加速させる要因ともなった。

土地資産の暴落の影響

地価は一九九〇年になっても上昇が続いた。国土交通省が発表する公示地価によって地価の動向をみると、同年には、全国平均で、住宅地が一〇％台、商業地が一二％台の上昇をみせていた（公示地価の変動率は、前年の調査結果が翌年の欄に記載されるため、統計表に記載された数値は前年の変動率を表すので注意が必要である）。しかし、九一年から、住宅地も商業地も、三大都市圏、全国平均がともに下落に転じた。三大都市圏は、バブル期に急騰したが、バブル崩壊後の下げ幅も大きかった。特に、三大都市圏の商業地は、九一年から九六年まで二桁台の下落が続いた。また、全国平均でみても、住宅地よりも商業地が大きく下落していった。

地価は、九一年に下落して以降、住宅地も商業地も、全国平均では二〇〇五年まで、一五年間連続して下落した（表1-3）。住宅地は〇五年まですべての地域で下落したが、商業地は、三大都市圏では〇五年に微増となった。その後、住宅地、商業地ともに、つかの間の上昇を示した。しかし、リーマン・ショックのあおりを受けて、〇八年から、両用途ともに、すべての地域で下落に転じた。だが、アベノミクスの展開により、一三年には、三大都市圏（全用途）が六年ぶりに上昇した。

公示地価は、公共事業のための土地取得などの参考価格とされるが、実際の不動産市場で取引される市場価格そのものではない。現実の取引価格に近いのは、日本不動産研究所が発表している

表1-3　公示地価の推移

（単位：%）

	住宅地				商業地			
	全国	東京圏	大阪圏	名古屋圏	全国	東京圏	大阪圏	名古屋圏
1992	−5.6	−9.1	−22.9	−5.2	−4.0	−6.9	−19.5	−7.6
95	−1.6	−2.9	−1.9	−4.0	−10.0	−15.4	−15.3	−12.7
2000	−4.1	−6.8	−6.1	−1.8	−8.0	−9.6	−11.3	−7.3
01	−4.2	−5.8	−6.7	−1.9	−7.5	−8.0	−11.0	−5.6
02	−5.2	−5.9	−8.6	−4.4	−8.3	−7.4	−11.3	−8.1
03	−5.8	−5.6	−8.8	−5.6	−8.0	−5.8	−10.2	−8.0
04	−5.7	−4.7	−8.0	−4.9	−7.4	−4.5	−8.8	−6.0
05	−4.6	−3.2	−5.2	−3.3	−5.6	−2.5	−5.0	−3.3
06	−2.7	−0.9	−1.6	−1.3	−2.7	1.0	0.8	0.9
07	0.1	3.6	1.8	1.7	2.3	9.4	8.3	7.8
08	1.3	5.5	2.7	2.8	3.8	12.2	7.2	8.4
09	−3.2	−4.4	−2.0	−2.8	−4.7	−6.1	−3.3	−5.9
10	−4.2	−4.9	−4.8	−2.5	−6.1	−7.3	−7.4	−6.1
11	−2.7	−1.7	−2.4	−0.8	−3.8	−2.5	−3.6	−1.2
12	−2.3	−1.8	−1.3	−0.4	−3.1	−1.9	−1.7	−0.8
13	−1.6	−0.7	−0.9	0.0	−2.1	−0.5	−0.5	−0.3

（注）変動率は，『土地白書』に従って前年の数値を記載している．
（出所）国土交通省『土地白書』より作成．

「市街地価格指数」である。これを見ても、地価の動向については、概ね公示価格の動向に類似している（図1-2）。

バブル期に地価が暴騰したとき、大都市では、一般のサラリーマンがマイホームを購入することが困難になり、国民の不満が大きくなった。九〇年四月、当時の大蔵省が、遅ればせながら、金融機関に対して、不動産業向け貸出の増勢を総貸出の増勢以下に抑制する通達（いわゆる総量規制）を出した。この通達によって不動産業への銀行の貸出が抑制されたが、後に問題となる住宅金融専門会社（住専）などを通じた迂回融資もあり、

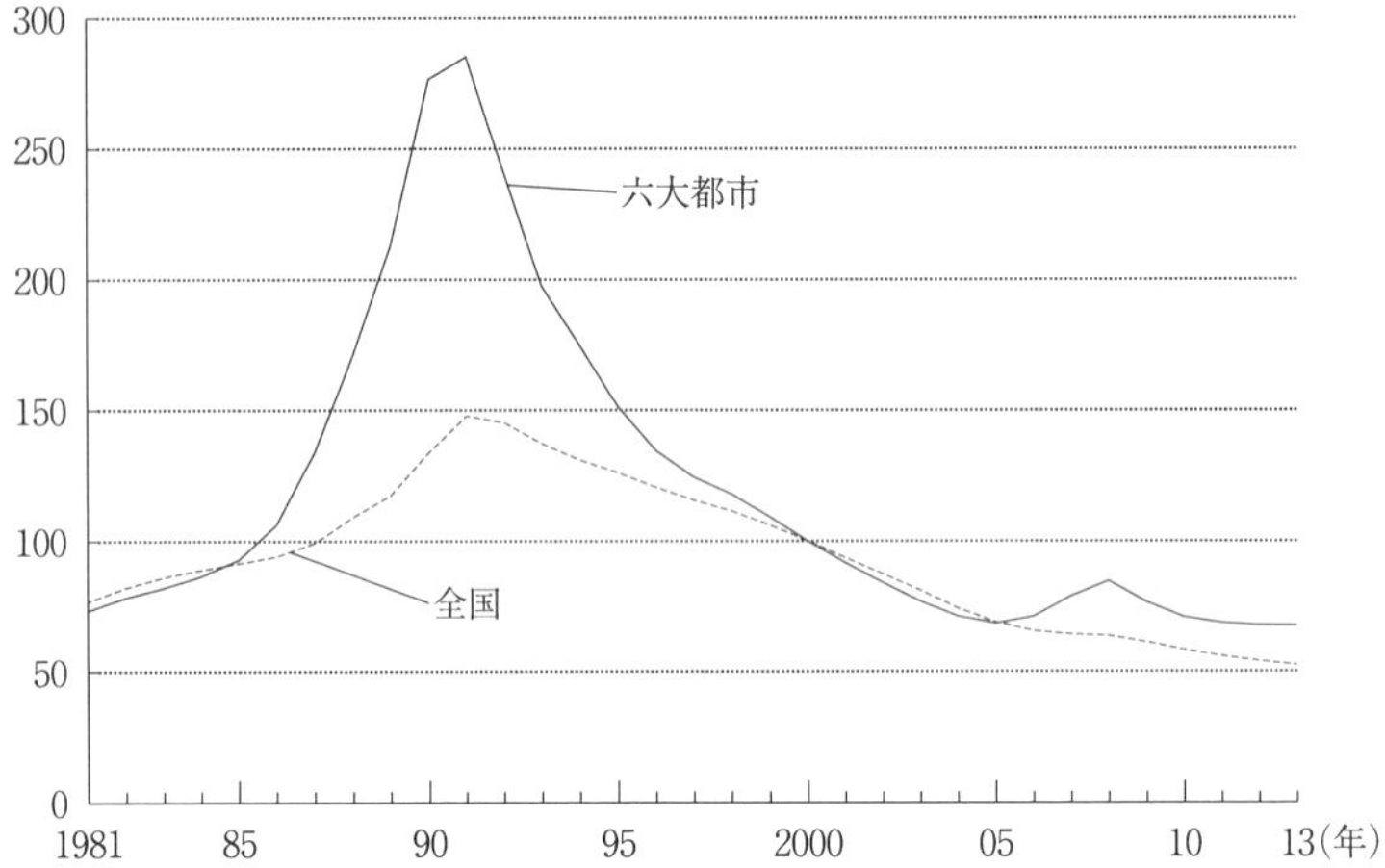

(注) 2000 年＝100．全用途平均．
(出所) 総務省『日本統計年鑑』(原資料は日本不動産研究所「市街地価格指数」）より作成．

図 1-2 市街地価格の推移

全国銀行の不動産向け貸出残高はなかなか減少しなかった。しかし、地価はすでに天井近くまで上昇していた。株価が暴落するなかで、投機ムードはすっかり消え失せ、地価のバブルの崩壊も必然的であった。

全国の土地資産総額は、九〇年に二三三八兆円のピークをつけ、九四年には一八二三兆円に減少し、約五〇〇兆円が吹き飛んだ。このようななかで、不動産担保融資に頼っていた日本の金融機関は、担保価値の下落によって巨額の不良債権を抱えるようになり、財務内容を極度に悪化させていった。地価の下落は、一般企業においては、不動産の担保価値の低下となり、金融機関から融資を受けにくくなった。

企業の倒産が激増するなかで、融資を回収できず、ついに金融機関の破綻が始まった。不動産担保融資が一般的であった日本の融資体制のもとで、地価の下落は、金融機関においても、企業側にとっても、深刻な影響を受けることとなった。

三　金融恐慌の衝撃

金融機関の破綻の多発

資産価値の暴落が金融機関の経営を極度に悪化させ、ついに金融機関の倒産が始まった。一九九四年一二月、東京の東京協和信用組合と安全信用組合がバブル期の乱脈経営により破綻に追い込まれた。その後、特に信用組合の破綻が増加した。九五年に五信組、九六年に三信組、九七年には七信組が破綻した。九四年から〇二年の期間に合計一三一の信組が破綻した。また、同期間に、信用金庫は二四信金が破綻した。

九五年には、一月一七日に阪神・淡路大震災が発生し、大惨事となった。この年には、住専の不良債権処理を巡って国会が紛糾した。一二月一九日に、村山富市内閣は六八五〇億円の公的資金を投入する住専処理案をなんとか閣議決定した。しかし、金融機関ではない住専の処理に公的資金を投入したために国会が混乱し、本来の銀行の破綻処理に必要な公的資金の活用が大幅に遅れることとなった。

同年八月、バブル期のツケと阪神・淡路大震災の影響により、兵庫銀行が破綻した。戦後は、護送船団的金融行政により、銀行の破綻は防止されてきたが、ついに銀行が破綻する事態となった。九六年三月に太平洋銀行、一一月に阪和銀行（業務停止）、九七年一〇月に京都共栄銀行が破綻した。

そして、いよいよ、九七年一一月一七日には、都市銀行の北海道拓殖銀行が破綻するに至った。その直後の、二四日には、四大証券の一角を占めた山一証券が廃業に追いやられた。二六日には徳陽シティ銀行が破綻した。大手銀行を含めて金融機関の破綻が続き、金融機関が次々に潰れるのではないかという不安が国民の中に蔓延した。短期金融市場が麻痺したうえ、一般の人々が金融システムに信頼を持てなくなった。この二六日の夕刻、三塚博大蔵大臣と松下康雄日銀総裁が緊急談話を発表し、「いたずらな風評に惑わされることなく、冷静な行動をとられるよう強く要望する」と呼びかけた。平成金融恐慌の第一波が押し寄せた。(3)

九八年には、与党も野党も、大銀行の破綻を目の当たりにして、あわてて金融再生法など銀行処理関連法諸法案を閣議決定した。一〇月二三日に日本長期信用銀行、一二月一三日に日本債券信用銀行が行き詰まり、公的管理に移された。かくして、九八年一〇月から一二月にかけては平成金融恐慌第二波が押し寄せた。金融機関破綻の全体像はあまり報道されていないが、九四年から〇三年までの一〇年間に、一七一もの金融機関が破綻し、惨憺たる状況に至った。

このようななかで、金融機関の融資行動に急ブレーキがかけられた。国内の銀行の貸出増加率の推移をみると、九八年に、前年比マイナス〇・九%となり、高度成長期以降で初めて銀行の融資額

表1-4　全国銀行の預貸金の動向

（単位：兆円，%）

年	実質預金	前年比	貸出	前年比
1998	477.8	0.7	488.8	−0.9
99	486.7	1.9	468.8	−4.1
2000	482.1	−0.9	463.9	−1.0
01	486.1	0.8	448.2	−3.4
02	501.6	3.2	431.6	−3.7
03	511.6	2.0	413.8	−4.1
04	518.6	1.4	404.0	−2.4
05	526.4	1.5	408.5	1.1
06	528.6	0.4	415.5	1.7
07	545.0	3.1	417.6	0.5
08	557.0	2.2	436.8	4.6
09	569.4	2.2	428.5	−1.9

（注）　預金・貸出の数値は年末残高.
（出所）　全国銀行協会『金融』より作成.

が減少に転じた。さらに、翌年の九九年にはマイナス約四%という大きな落ち込みとなった（表1-4）。

九九年は、平成金融恐慌と経済恐慌の直後であり、貸出に急ブレーキがかかった。また、四月に銀行等金融機関に対する早期是正措置が導入されたことも、貸出が継続的に減少していった大きな原因となった。国際業務を行う大手銀行では自己資本比率が八%を下回った場合、経営改善命令を受けるようになり、銀行は貸出に慎重になった。国内業務のみを行う銀行も同様に、早期是正措置に敏感に反応した。

その結果、二〇〇〇年代前半には、銀行の貸出が年平均約三%の落ち込みとなった。また、年別にみると、九八年から〇四年まで、連続して貸出が減少し、戦後初めての厳しい事態となった。二〇〇〇年代前半は、都市銀行の不良債権処理が集中的に行われており、都銀の融資が激減した。年平均貸出額が、九〇年代前半と比較して、五〇兆年を超える減少となった。その後、二〇〇〇年代後半には、貸出は微増となった（リーマン・ショック〔次節参照〕翌年の〇九年は減少）。銀行融資中心の間接金融が主流である日本では、これまで、銀行貸出の増加を通じて経済成長を実現してきた。この銀行融資が減少に転じ、経済規模が縮小する事態となった。

他方、全国銀行の預金についてみると、平成不況の前には、年平均一〇％前後の増加が続いていたが、不況に入った九〇年代から急減し、二〇〇〇年代は年平均一％台に落ち込んだ。しかし、減少には至らなかった（二〇〇〇年を除く）。そのため、平成不況期には、預金等に占める貸出の割合である預貸率が低下していった。ただし、都市銀行とその他の金融機関では、その傾向に違いがある。

都市銀行の預貸率の推移は、他の金融機関と大きく異なっている。九〇年度の預貸率七〇％台から九八年年度の約九五％へと急増した後、九九年度から急落し始め、〇五年度には七〇％台まで下がった。その後は、微増となっている（図1-3）。大手銀行は、バブル期に不動産融資に傾斜し、不動産業向け貸出を激増させていた。そのため、既存の融資を焦げ付かせないための弥縫策として、また地価の回復に一抹の期待をかけて、九〇年代にも不動産関連融資を継続した。しかし、金融恐慌に見舞われ、早期是正措置が実施され、竹中平蔵経財・金融相による大手銀行の不良債権処理が推進される事態となり、さすがの大手銀行も覚悟を決めて貸出の削減に動いた。都市銀行の預貸率

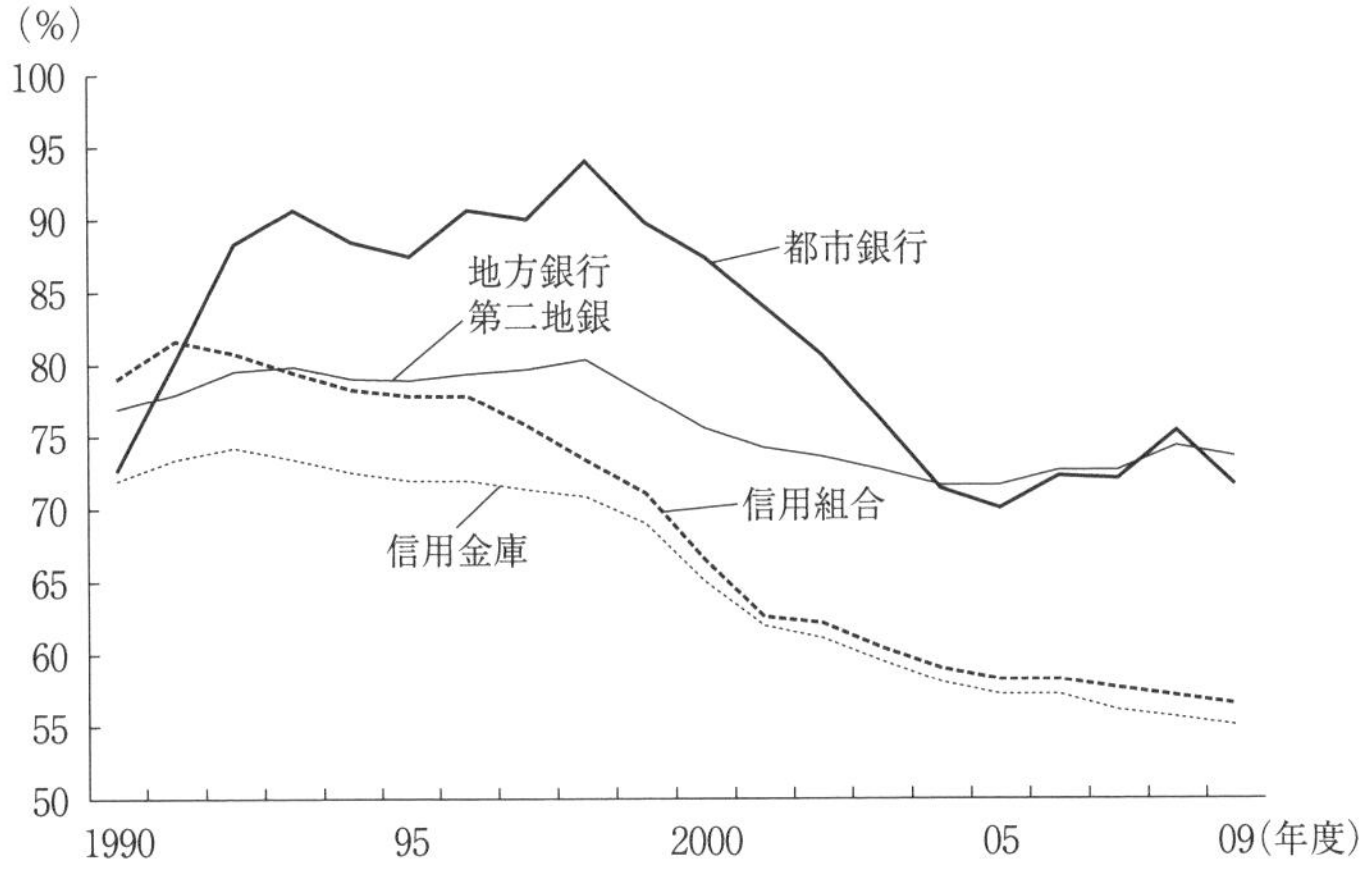

(注)　平残ベースの値．預貸率＝貸出金／(預金＋譲渡性預金＋債券)×100 として計算．
(出所)　金融庁「我が国金融業を取り巻く内外の経済社会環境の変化」2011 年 6 月．

図 1-3　業態別の預貸率の推移

の推移が他の金融機関と異なるのはこうした事情を反映している。

信用組合では、九二年度から預貸率が次第に低下し始め、九二年度に八〇％台であったものが、〇九年度には五〇％台後半まで落ち込んだ。このことは、中小企業の資金調達がきわめて厳しいことを示している。信用金庫の預貸率も、少し遅れて低下し始め、信用組合とほぼ同様の傾向を示している。信用金庫の預貸率は、九二年度に七〇％台であったものが、〇九年度には五五％あたりまで低下している。信用金庫や信用組合は、地方銀行と同様に、地元密着型の業務（リレーションシップ・バンキング）を展開しているが、平成不況が進行するなかで、会員や組合員の事業者の倒産や廃業の影響を受け、預貸率が最も低くなっている。

地方銀行・第二地方銀行の預貸率は、九一年度の七〇%台後半から九八年度にかけて微増傾向をたどり、その後二〇〇〇年代半ばまで緩やかに下がり、七〇%台後半で推移している。地銀・第二地銀の預貸率は、平成不況期を通じて、概ね七〇%台を維持しており、比較的安定している。その理由は、大半の地方銀行は、地元密着型の業務を展開しており、地元企業の経営支援に配慮し、長期的な利益の確保を目指しており、貸出に腐心している結果と見受けられる。特に、住宅ローンが地銀・第二地銀の預貸率の安定に貢献していると考えられる。信用金庫や信用組合も、リレーションシップ・バンキングを展開しているが、営業地域が狭く限定されているなかで、会員や組合員である小規模事業者の経営悪化の影響を受け、預貸率が最も低くなっている。

なお、地方では、地方銀行など地域金融機関は、大学生の就職人気ランキングで常に上位を占めており、父母からも期待されている。金融行政にあっては、商店街を破壊したような行政は行うべきではなく、地域と共にある地域金融機関を重要視すべきである。

金融庁の調べによれば、全国銀行の不良債権残高は、九九年から〇三年まで三〇%を超えており、特に〇二年には四三%にも上っていた。竹中経財・金融相が、「金融再生プログラム」に基づいて、〇四年の大手銀行の不良債権比率を〇二年の半分にすることに尽力し、大手銀行の不良債権処理が峠を越えた。

銀行融資に急ブレーキがかかった主な原因は、株価の暴落、金融機関の不良債権の激増、および自己資本比率規制（国内業務を営む金融機関を含む）であった。さらに、九〇年代末期には、金融恐慌と経済恐慌が発生し、企業の設備投資にかかわる資金需要の急減も大きな原因となった。これらのことが平成不況を深刻化させ、デフレを長引かせることとなった。

四　過剰資本の整理

大型倒産の激増

バブル期に過剰な資本が積み上げられたが、バブルの崩壊によって、市場の力による強力な過剰資本の整理が始まった。バブルが崩壊すると、まずバブルに踊った企業が倒産し、その後には広範に大型倒産が続発する事態となった。

「デフレが先か、不況が先か」と問われることがあるが、事態の推移からみれば、まず企業の大量倒産と不景気が先に始まった。物価の持続的な下落が始まったのはその後のことである。なお、一九九〇年代の初めには、新聞紙上などでデフレという言葉が不況という意味で使われていたが、本来、デフレ（デフレーション）は物価が持続的に下落していく現象であり、インフレ（インフレーション）と反対の意味の言葉である。

九五年から始まる平成デフレに先行して、九一年頃から大型倒産が多発した。ここでは、銀行以外の大型倒産について、若干の関連事項を補足しながら、時系列的に概観する。

九一年、バブル期に株式投資にのめり込み、不正融資事件にかかわった大阪の料亭「恵川」が負債総額四三〇〇億円で銀行取引停止となり、破綻した（女将の尾上縫は翌年に個人では過去最高の約二六〇〇億円の負債を抱えて自己破産した）。ナナトミ（負債約三〇〇〇億円、不動産業）、ジージーエス（同二六〇〇億円、ゴルフ会員権売買）など、バブル期に膨張した企業の倒産が発生した。また、八六年の円高不況以来、五年ぶりに上場企業の倒産が一件発生した。東京商工リサーチの調べによると、負債額一〇〇〇万円を超える倒産が一万七二三件と一万件を突破し、前年比で約六六％の増加となった（表1-5）。負債総額が八兆円を超え、約四倍に激増した。[4]ただし、不況型倒産（販売不振・赤字累積・売掛金回収難）件数は九〇年と同様の四三％台にとどまった。

しかし、九二年には、不況型倒産の件数が五割を超え、上場企業の倒産が四件に増加した。負債額一〇〇〇万円を超える倒産は一万四〇六九件となり、前年比約三一％の増加となった。九三年、村本建設（同五三〇〇億円）、日本モーゲージ（同五〇〇〇億円、不動産業）の大型倒産が発生した。負債額一〇〇〇万円超の倒産も一万四五六四件という高い水準が続いた。九四年も、負債額一〇〇〇万円を超える倒産が一万四〇六一件発生した。この年の一二月には、バブル期に乱脈経営を行った東京協和信用組合と安全信用組合が破綻し、小規模金融機関の破綻が始まった。不況型倒産の件数がほぼ六割に上昇した。

九五年には、負債額一〇〇〇万円超の倒産が一万五〇〇〇件を超えた。同年八月には、兵庫銀行が倒産し、戦後初めての銀行の倒産となった。大阪総合信用（同四三七〇億円、リース・ファイナンス業）、兵銀ファクター（同三二六九二億円、金融業）などの大型倒産が相次いだ。九六年、負債

表 1-5　倒産件数と被害従業員数の推移

（単位：件，億円，人）

年	倒産件数	被害従業員	年	倒産件数	被害従業員	年	倒産件数	被害従業員
1990	6,468	43,339	99	15,352	132,326	08	15,646	152,574
91	10,723	85,703	2000	18,769	209,145	09	15,480	142,246
92	14,069	117,004	01	19,164	220,680	10	13,321	107,548
93	14,564	126,011	02	19,087	198,048	11	12,734	78,353
94	14,061	112,975	03	16,255	161,555	12	12,124	75,746
95	15,108	119,558	04	13,679	124,002	13	10,855	64,983
96	14,834	114,039	05	12,998	110,588	14	9,731	54,693
97	16,464	154,470	06	13,245	105,511			
98	18,988	185,093	07	14,091	122,430			

（注）　負債総額 1,000 万円以上の倒産.
（出所）　東京商工リサーチ『全国企業倒産白書』より.

額一〇〇〇万円超の倒産は一万四八三四件発生した。この年は、住専の処理問題で揺れたが、その際話題になった末野興産（同七一六〇億円、不動産貸付）などが破綻した。また、住宅ローン保証業の日栄ファイナンス（同一兆円）も倒産した。

九七年には、上場企業が一四件倒産し、負債額一〇〇〇万円超の倒産が一万六四六四件に増加した。この年の一一月には平成金融恐慌第一波が始まり、極度の金融収縮が起きた。クラウンリーシング（同一兆一八七四億円、総合リース業）、東食（同六三九七億円、食品商社）、日本トータルファイナンス（同六一八〇億円、不動産担保金融）、たくぎん抵当証券（同五三九一億円、抵当証券）、東海興業（同五一一〇億円、建設業）など、負債額二〇〇〇億円を超える大型倒産が一四件も発生した。大型倒産がいろいろな業種に広がっていった。

九八年、日本長期信用銀行（長銀）系のノンバンクである日本リースが二兆一八〇三億円の負債により倒産した。バブル期に不動産担保融資に傾斜したが、バブル崩壊によって巨額の不良債権を生み出す結果となり、イ・アイ・イ・インターナショナル（二〇〇〇年倒産、負債四七六四億円、不動産業）とともに、長銀破綻の原因の一つとなった。負債額一〇〇〇万円超の倒産が約一万九〇〇〇件に急増した。一〇月に平成金融恐慌第二波が発生し、厳しい景況となった。九九年には、負債額一〇〇〇万円超の倒産が約一万五〇〇〇件に減少したが、厳しい状況が続いた。九七年に自主廃業を決めた山一証券であったが、五一〇〇億円の負債が返済できずに破産に追い込まれた。

二〇〇〇年には、協栄生命保険（同四兆五二九六億円）と千代田生命保険（同二兆九三六六億円）、ライフ（同九六六三億円）が破綻し、生保・クレジット系の巨大倒産が続いた。また、そごう（同六八九一億円）などが破綻し、流通大手の倒産が目立った。この年は、むつ小川原開発（同一八五二億円）が倒産し、第三セクターでも大型倒産が発生した。負債二〇〇〇億円超の大型倒産が一三件発生し、負債額一〇〇〇万円超の倒産が再び一万八〇〇〇件台に増加した。

〇一年には、中国進出でも失敗したマイカルが一兆六〇〇〇億円の負債で倒産した。また、東京生命保険（同九八〇二億円）、青木建設（同三七二一億円）、第三セクターのフェニックスリゾート（同二七六二億円）などが破綻し、二〇〇〇億円超の大型倒産が一〇件発生した。負債額一〇〇〇万円超の倒産は、平成不況で最大の一万九一六四件となった。〇二年には、エスティティ開発（同四九二二億円、ゴルフ場経営）、地産（同三二〇〇億円、ホテル・不動産等）など、負債総額二〇〇〇億円を超える大型倒産が七件発生した。負債額一〇〇〇万円超の倒産が一万九〇〇〇件台という高い水準であった。〇三年には、朝日住建（同三六〇〇億円）、日本ゴルフ振興（同三三二二億円）、ジャパン石油開発（同三〇七六億円）、第三セクターのハウステンボス（同二二八九億円）など、負債総額二〇〇〇億円を超える大型倒産が九件発生した。負債額一〇〇〇万円超の倒産が一万六〇〇〇件台とやや減少した。

〇四年には、大型倒産が沈静化し、負債総額二〇〇〇億円を超える大型倒産は発生しなかった。負債額一〇〇〇万円超の倒産が一万三〇〇〇件台に減少した。〇五年と〇六年も、負債額一〇〇〇万円超の倒産は一万三〇〇〇件前後で推移した。

〇七年には、麻布建物（同五六四八億円）、エフ・アール・イー（同二二八五億円、不動産業）が倒産した。負債額一〇〇〇万円超の倒産が一万四〇〇〇件台に増加した。アメリカのベアー・スターンズ傘下のファンドが破綻し、サブプライムローン問題が浮上してきた。

〇八年九月には、サブプライムローンの証券化で大損失を被って、大手投資銀行リーマン・ブラザーズが破綻した（負債総額は米国史上最高の六一三〇億ドル（約六四兆円））。サブプライム危機の代名詞となり、リーマン・ショックと呼ばれている。リーマン・ブラザーズの日本の子会社、リーマン・ブラザーズ証券も三兆四三一四億円の負債を抱えて倒産した。大和生命保険（同二六九五億円）、アーバンコーポレーション（同二五五八億円）など、負債額二〇〇〇億円を超える大型倒産が六件に増加した。この内、四件はリーマン・ブラザーズ系の企業であった。日本の金融機関は、サブプライムローンがらみの金融商品をあまり保有しておらず、リーマン・ショックの直接的な損害は多くなかった。しかし、アメリカ経済や世界経済が深刻な不況に陥ったため、日本の輸出が急減し、派遣労働者の大量解雇が行われ、年末には「年越し派遣村」ができて、解雇された労働者の年越しを支援する事態となった。円相場が一二月半ばに一時八七円に急騰した。株価は一年間に四二％下落した。負債額一〇〇〇万円超の倒産が一万五〇〇〇件台という高い水準となった。

〇九年には、九月に自民党が衆議院選挙で惨敗し、民主党の鳩山由紀夫内閣が発足した。三月一〇日、株価がバブル後最安値の七〇五四円まで暴落した。実質GDPがマイナス五％台に急落し、厳しい景気後退となった。負債額一〇〇〇万円超の倒産は一万五〇〇〇件台で高止まりした。

一〇年には、日本航空（同六七一五億円、持株会社）と日本航空インターナショナル（同一兆五二七九億円、旅客運送・貨物事業）が経営破綻し、金融業を除く事業会社で戦後最大の倒産となった。また、武富士（同四三三六億円、消費者金融業）、ウィルコム（同二〇六〇億円、PHSデータ通信）が倒産した。円高が進行し、一一月には一五年ぶりに八〇円まで急騰した。負債額一〇〇〇万円超の倒産が一万三〇〇〇件台であった。

一一年には、マグニチュード九・〇の東日本大震災が発生、福島第一原子力発電所がメルトダウンし、爆発によって放射性物質が大量に外界に飛散した。東北地方の工場が大打撃を受け、部品供給がストップし、自動車メーカーなどが休業に追い込まれた。また、安愚楽牧場が負債総額四三三〇億円で破綻した。前年に口蹄疫問題で一万五〇〇〇頭を殺処分したうえに、福島第一原発の放射能漏れ事故による福島県産牛肉の出荷制限等が影響して、倒産した。円高が止まらず、一〇月三一日に七五円三二銭となり、最高値を更新した。負債額一〇〇〇万円超の倒産が約一万二七〇〇件に減少した。

一二年には、エルピーダメモリ（DRAM製品製造）が負債総額四四八〇億円で破綻した。〇九年に改正産業活力再生法適用の第一号となり、日本政策投資銀行による金融支援やメガバンクの協調融資を受けたが、円高や競争激化により倒産した。

同年一二月一六日投票の衆議院選挙で、政権公約を果たさない民主党に国民が見切りをつけた。代わりに、物価上昇目標二%、デフレからの脱却、責任ある政治などを公約に掲げた自民党が圧勝した。選挙前から株価が上昇を始め、一二月一九日に一万円台を回復した。第二次安倍晋三内閣が成立し、円相場が円安の流れに変わった。負債額一〇〇〇万円超の倒産が約一万二〇〇〇件まで減少した。

一三年には、新聞紙上で安倍内閣の経済政策であるアベノミクスという言葉が乱舞した。一月に、政府と日銀は、物価上昇率二%をできるだけ早く達成することなどを盛り込んだ共同声明を発表した。三月二〇日に就任した黒田東彦《はるひこ》総裁は、二年間で物価を二%引き上げるために、「異次元」の金融緩和策を導入した。この年は、カブトデコム（同五〇六一億円、建築工事）が倒産した。北海道拓殖銀行（拓銀）の支援を受けて急成長したが、バブル崩壊にともなって経営問題が露呈し、拓銀破綻の原因の一つとなった企業が消滅した。アベノミクスの効果により、負債額一〇〇〇万円超の倒産が一万件台に減少した。株価が年間で五七%の急騰となり、四一年ぶりの上昇率となった。

円相場も、年間で一八％下落し、三四年ぶりの下落率となった。三〇日には、一時一〇五円台まで下がった。地価も上昇し、三大都市圏の公示地価が六年ぶりに上昇に転じた。

一四年には、前政権の決定を引き継いで、消費税が五％から八％に引き上げられた。消費税の引き上げは、事前の予測以上に、消費を低迷させて、景気の浮揚をもたつかせた。それでも、株価が一時一万八〇〇〇円台を回復し、円相場が一二〇円に下がり、円高是正が進んだ。その結果、負債額一〇〇〇万円超の倒産が九七三一件に減少し、一九九〇年以来、二四年ぶりに一万件を下回った。負債総額も、二四年ぶりに一兆円台に減少した。また、上場企業の倒産も二四年ぶりにゼロとなった。

倒産にともなう従業員の被害についてみると、九一年に八万人を超え、前年の二倍近くに急増した（表1-5）。九二年に一一万人台となり、九七年は一五万人台、二〇〇〇年には二〇万人台に激増し、九二年から二〇一〇年まで一〇万人台を割ることがなかった。一九九一年から二〇一三年までの平成不況の間で、倒産による被害従業員は合計三〇〇万人を超えた。平時に、倒産によって三〇〇万人という大量の解雇者を出した時期はない。このように多数の解雇者が出たことは、平成不況がいかに深刻なものであるかを物語っている。倒産によって解雇された者だけでなく、その家族も、経済的に大きな打撃を受けた。このような事態は、勤労世帯の消費を縮小させ、平成デフレの大きな要因となっている。

五 通貨政策の失敗による円高の高進

プラザ戦略の失敗

戦後のブレトンウッズ体制のもとで、日本の円については、一九四九年にドッジ・ラインが実施された際に、一ドル＝三六〇円を中心レートとし、上下一％の変動幅を容認する固定相場が定められた。この固定相場制のもとでは、円が中心レートにあるとき、輸出企業が輸出によって一万ドルを売り上げた場合、円に換算すると三六〇万円になり、一〇万ドルを売り上げた場合は、三六〇〇万円になり、売り上げを増加させればさせただけ、売上高も増加した。

ところが、一九七一年八月にニクソン大統領がドルと金との交換を停止するという声明を出したことを契機に、ドル売りが急増して、ドルの他国通貨に対する相場が下落していった。そこで、同年一二月にスミソニアン会議が開催され、ドルの切り下げを行い、固定相場制を維持しようとした。円相場は一ドル＝三〇八円に引き上げられた。しかし、それでも、ドルは下げ止まらず、固定相場制を維持することが困難となり、七三年春には、主な先進諸国が変動為替相場制に移行した（イギリスは七二年六月）。その後、さらに円高とドル安が進行した。一ドル＝二六〇円の円高になると、一〇万ドルの売り上げは二六〇〇万円となり、三六〇円の時と比較すると、一〇〇〇万円も減少してしまう。ドル建てで輸出する企業は、円レートが上昇するというただそれだけの理由で、多額の利益を失うこととなった。

八〇年前後、アメリカにおいて、レーガン大統領の経済政策であるレーガノミクスが実施された。レーガノミクスは、「強いアメリカ」を復活させるために、ドル高、減税、軍事力増強を三本柱とするものであった。しかし、レーガノミクスは、貿易赤字と財政赤字が膨張する「双子の赤字」を生み出した。八四年には、アメリカは一〇〇〇億ドルを超える貿易赤字を抱えるようになった。日本に対する赤字が大きかったので、アメリカは、日本に対して市場開放を迫り、また保護貿易主義をちらつかせて対日攻勢を強めた。

当時の自民党の中曽根康弘首相は、政府が円高=ドル安を誘導することによってこの難局を乗り越えようとした。アメリカ政府とともに、円高=ドル安を目指す先進五か国の為替調整戦略であるプラザ会議の準備を整え、会議に臨んだ。その後、急速な円高が進行し、日本政府としては想定外の水準になった。しかし、先進諸国が協議するプラザ戦略の枠組みにおいては、たとえばルーブル会議にみられるように、日本が円高は進みすぎていると抗議しても、他の諸国は受け入れなかった。こうして、プラザ戦略を境にして、劇的に高い円相場が常態化する状況が作り出された(5)。

変動為替相場制への移行を支持した一部の経済学者は、変動相場制に移行すれば、市場によって為替相場が適切に調整されると説いた。しかし、プラザ戦略は、外国為替市場による調整では不十分であるとして、日本を含む先進五か国、さらには先進七か国が外国為替相場に協調して介入し、人為的に円高=ドル安を作り出すものであった。

当時、日本のエコノミストの間には、アメリカの貿易赤字が大きくなりすぎているので、アメリカが破綻するのではないかという論調があった。そのため、「一段の円高で摩擦解消を」と説いた論者もある。(6) しかし、アメリカの通貨ドルは他の諸国の通貨と異なって国際通貨であるため、アメリカは通貨発行権を有しており、必要な場合は自国で通貨を増発できる。また、世界の貿易や投資が拡大するにつれて、より多くの決済通貨としてのドルが必要となり、アメリカの国際収支の赤字によってそれが提供されている側面がある。さらに、軍事力だけでなく、技術力も、民主主義を基本にした政治力も、世界のトップにあるアメリカにとって替わることのできる国は容易には現れない。そのため、アメリカの国際通貨（基軸通貨）国としての地位は、そう簡単には失われない。

当時、日本のアナリストは、アメリカを過小評価していたと言うほかはない。八五年当時のアメリカの対日貿易赤字は五〇〇億ドルにも満たなかった。八五年当時、アメリカの対中国貿易赤字はわずか三億ドルにすぎなかったが、近年にはその赤字が三〇〇〇億ドルに迫っている（表1-6）。また、アメリカの対日貿易赤字も、二〇〇〇年には八五年当時の赤字を大きく超える八〇〇億ドル台に増加している。だが、このためにアメリカが破綻する気配はない。また、アメリカの政府や財界も、弱くなった日本をもはや非難しなくなった。

プラザ戦略にかてて加えて、中曽根首相の私的諮問機関（座長は前川春雄元日銀総裁）が、「前川リポート」（一九八六年四月）として、日本企業に対して海外進出を積極化させ、外国製品をすすんで輸入する旨を提言した。他の国ではみられない珍しい提言だが、目先の対米貿易黒字を解消

表 1-6　アメリカの国際収支の推移

（単位：億ドル）

	1985	1990	1995	2000	2005	2010	2013
経常収支	−1,151	−918	−1,291	−4,103	−7,457	−4,439	−4,002
対中貿易赤字	−3	−114	−367	−888	−2,122	−2,689	−2,899
対日貿易赤字	−497	−444	−628	−849	−865	−630	−748

（注）1. 統計数値はアメリカ側の数値．発表年月により若干の違いがある．
2. 2000 年以降の中国の数値は本土，香港，マカオの合計額．対香港の貿易収支は 2000 年 27 億ドル，13 年 367 億ドルの黒字．対マカオの収支は微小．
（出所）IMF, *Direction of Trade* および *Inetnational Financial Statistics* より作成．

するための場当たり的な処方箋と言うほかはない。そのため、後に日本が平成不況に陥り、経済成長が困難になるや否や、再び輸出重視に変わった。前川リポートを称賛する声はマスコミからも消えた。

同じ自民党政権内において、対外政策に関して、一貫性がみられない。アメリカにおいては、政権が代わった場合ですら、対外政策に日本ほどのブレはない。国益を守る点で一貫している。不幸なことに、日本の政治にはそれが欠けている。

プラザ戦略後、日本企業はアジア、とりわけ中国に雪崩を打って進出した。中国内における日系企業が輸出によって得た黒字は中国の貿易黒字となる。中国経済は、特に〇一年一二月にＷＴＯに加盟した後、目覚ましい発展を遂げた。そのようななかで、中国の対米貿易黒字が拡大し、〇五年には対米貿易黒字が二〇〇〇億ドルを超え、一三年には約二九〇〇億ドルまで拡大した。アメリカの経常収支（貿易外収支等を含めた国際収支）の赤字も、八五年には約一二〇〇億ドル弱にすぎなかったものが、〇五年には七〇〇〇億ドルを上回った。さらに、〇六年には八〇〇〇億ドル超に拡大し、最近は四〇〇〇億ドル台で推移している（表1-6）。

しかし、対中貿易赤字が三〇〇〇億ドルに迫り、経常収支赤字が八〇〇〇億ドル超になっても、アメリカ経済はびくともしない。また、アメリカ政府も中国に対してプラザ戦略のような戦略を仕掛ける様子はない。実際のところ、アメリカは日本以外の国に対してそのようなことを行うことはないであろう。

数百億ドルの貿易赤字や一〇〇〇億ドル程度の経常収支の赤字で、アメリカが破綻するなどという日本の一部のエコノミストの論調は、まったく根拠がないものであった。ちなみに、リーマン・ブラザーズ一社の負債額でさえ、六〇〇〇億ドルを超えている。日本政府は、外国為替相場に直接的に手を付けるのではなく、別の方法を選択すべきであった。今後は、戦前の金解禁の失敗やプラザ戦略の失敗を教訓とし、よく考え抜いた行動を取るべきである。

なお、プラザ戦略を推進するかどうかについては、国会に諮《はか》られていない。国会に諮らずに、政府、中央銀行総裁、財務官たちだけでコトを進められるところにこの戦略の凄さがあった。

日銀の金融政策の失敗

現在の管理通貨制度において、一国の通貨の対外価値を決める大きな要素として物価がある。一般に、A国の物価が上昇し、B国の物価が変化しなかった場合、B国の通貨の価値が高くなる。イギリス・カナダ・アメリカ・オーストラリアなどの国の物価が上昇し、日本の物価が上昇しなかった場合、日本の通貨円の価値はイギリス・カナダ・アメリカ・オーストラリアなどの諸国の通貨に対して高く評価される。実際に、イギリス、カナダ、オーストラリア、ニュージーランドなどの諸国は、二〇〇〇年前後から二％程度の物価上昇目標を設定して金融政策を行ってきた（アメリカは二〇一二年に導入）。しかし、日本銀行は物価安定を重視し、物価上昇目標を設定することを拒否してきた。すなわち、インフレ・ターゲティングに反対してきた。

主要諸国の中央銀行の金融政策に関するスタンスや政策の方向性は、企業や投資家の意思決定に大きな影響を及ぼしている。日銀は、金融政策において、物価の安定を重視し、インフレでもデフレでもない状況を目指すと表明した。(7) これに対して、先程の諸国の中央銀行は二％程度のインフレを目指すと表明しているのであるから、円高になるのは、いわば自然な成り行きである。日本経済が長期不況であるにもかかわらず、円高が進行した背景には、このような金融政策の違いが横たわっていた。

近年、物価そのものを上昇させるという視点から、インフレ・ターゲティング政策に関心が集まっている。しかし、後の章でみるように、インフレ・ターゲティング政策は、物価上昇を実際に生じさせるかどうかということよりも、人々の物価上昇の予想に影響を与え、それを通じて外国為替相場に影響を与える点がきわめて重要である。

このように言えば、金融政策を外為相場に利用することは邪道だとか、他国の理解が得られないという反論が返ってくる。しかし、一国の政府や中央銀行は、他の主要国や中央銀行が行っていることに対処することは当然のことであろう。

しかし、黒田総裁以前の日銀はそうではなかった。九八年三月に就任した速水優元日銀総裁は日銀の全行員に次の二点を言い続けたという。第一は「日本銀行は日本経済の良心」でなくてはならないということであり、第二は中央銀行の目的は「通貨の尊厳さの番人」としての職責を全うすることである[8]。速水総裁だけでなく、そのように思ってきた日銀マンは少なくないであろう。

しかし、「日本経済の良心」とか「通貨の尊厳さの番人」とはどのようなことを指すのか必ずしも明らかでない。これらの記述のすぐ後に、速水元総裁は、「通貨は強くて安定し、使い勝手のよいことによって信認を得るのであって、先進諸国の中央銀行では皆このような通貨の強さを目指していると思う」と述べている[9]。また、少し後の箇所で、「お金の価値、つまり物価が安定するようにしていくことが私たちの務めです」と記している[10]。黒田総裁就任よりも前の日銀は、物価安定を第一目標に掲げてきた。速水総裁は、「強い円」を強調する点に独自性があるが、端的に言えば、円の価値を強くし、物価の安定を図ることが日銀の良心だと言っていると解される。

新聞紙上でも、「日銀は物価の番人である」と記される場合がほとんどである。たしかに、ある意味で、日銀は物価の番人であるが、そのこと自体が重要なのではなく、物価に対していかに番をするのかということが重要なのである。これまで、日銀が物価の番人であるという場合、日銀が物価を上昇させせないように番をするという意味で使われてきたことが多かった。変動相場制が採用される以前には、これでよかった。しかし、先進諸国が変動相場制に移行した今日、国際間の金融上の連関が強くなり、一国の中央銀行たるものは、他国の金融政策にも目を向けて、国民経済に悪影響が及ばないように物価の番をすること、またそのような金融政策を実行することが大切になってきている。

今日のように、多くの先進諸国が二%の物価上昇目標を設定している場合には、日銀も少なくとも二%だけ「物価を上昇させる」ことが「物価の番」をし、日本経済を持続的に発展させる金融上の条件を整えることとなる。しかし、これまでの物価安定第一主義の日銀や、先述の速水元総裁の考え方では、このようなことは日銀の良心に反するということになる。筆者はかねてから指摘しているが、「金融政策の目標は国民経済の健全な発展のために、適切な金融政策を行うこと」といった内容にし、金融政策を決定する際の指標としては、物価のほかに、経済成長、資産価格、外国為替相場等を加えるべきである。

なお、速水総裁について、一言補足しておくと、平成不況の嵐のなかで、ゼロ金利政策、金融機関からの株式買い取りの実施など、日銀としては大胆な施策を実施した。そのため、吉野俊彦元日銀理事によって、「日銀創立以来二六人の総裁のなかでも出色の人」と評されている(11)。速水総裁は優れた総裁であり、その功績は評価されるべきであるが、やはり従来の日銀の限界があった。

世界は常に変化し、物事も変化してきている。金融理論だけは常に変わらないなどということはありえない。少なくとも、中央銀行にかかわる人々や政府要人は頭を切り替える必要があった。

先進諸国がインフレ・ターゲティング政策を導入したころから、日銀の消極的な金融政策が、円の対外価値を高めて円高を長期間持続させ、日本企業・日本経済に大きな打撃を与え、国民生活を苦境に陥れた。多くの大学生が就職できなくなり、非正規雇用者が急増し、国民の多くが不況に喘いだ。日銀は、これでも自らを「日本経済の良心である」と胸を張ることができるのであろうか。日銀の金融政策が円高を持続させ、平成デフレを長期化させる原因の一つとなった。これが戦後の通貨政策の第二の失敗である。

以上のような政府と日銀との通貨政策の失敗が、円レートの高進を長期にわたって持続させ、日本企業の海外への脱出と日本の経済構造の激変をもたらした。すなわち、日本を基地とした輸入と輸出の好循環を実現し、日本経済の成長と国民生活の向上を実現してきた戦後日本の経済構造が、通貨政策に起因する円高の持続的高進によって、根底から破壊されたのだ。ニーアル・ファーガソン教授（ハーバード大学）は、「日本は通貨戦争の犠牲者だとまず認識し、大胆な金融政策でワナを断ち切る必要がある」と述べている[12]。

プラザ戦略に乗ったことを国際協調だとして賛美する者もあるが、国家レベルでの国際協調は、自国の健全性を維持した上での協調が基本である。また、各国が凌ぎを削るなかで、日本が永遠に経済大国であり続けることも難しいであろう。しかし、自ら自国経済を破壊すべきではない。最も被害を蒙るのは、一般国民と中小企業である。日本経済がどのように破壊されていったかについては、次章で検討する。

注

（1） 吉川洋「デフレーションと金融政策」吉川洋編『デフレ経済と金融政策』慶應義塾大学出版会、二〇〇九年一一七頁。

（2） 内閣府『経済財政白書』二〇〇一年版、三九頁。

（3） 「平成金融恐慌」という用語は、その使用が避けられている感がある。しかし、金融恐慌当時は、一部で使用されていた。たとえば、日本経済新聞社編『「複合デフレ」脱却』（日本経済新聞社、一九九八年）は、「信用収縮を通じて実態経済を巻き込む金融危機は、まさに『平成金融恐慌』と呼ぶにふさわしい」（一一頁）と記している。平成金融恐慌は、このような側面を有するとともに、銀行恐慌でもある。

他方で、あの『朝日新聞』の記者でさえも、九七年一一月当時について、「報道各社は『取り付け』という言葉もできるだけ使うことを避けた。目の前の危機は、それほど深刻だった」と述べている（朝日新聞「変転経済」取材班『失われた二〇年』岩波書店、二〇〇九年、七九頁）。第三章で「昭和金融恐慌」（この用語は広く使用されている）について検討するが、実は平成金融恐慌のほうが実態経済に及ぼした影響は深刻である。

（4） 東京商工リサーチ『全国企業倒産白書』各年版を参照した。本項における倒産データは、主として、同白書に依拠している。

（5） 衣川恵『新訂 日本のバブル』日本経済評論社、二〇〇九年、第一章。

（6） 水谷研治「一段の円高で摩擦解消を」『エコノミスト』一九八五年一二月一二日号など。

（7） 日本銀行「『物価の安定』についての考え方」『日本銀行調査月報』二〇〇〇年一一月号。

（8） 速水優『中央銀行の独立性と金融政策』東洋経済新報社、二〇〇四年、ⅳ頁。

（9） 同右書、ⅴ頁。

（10） 同右書、八頁。

(11) 『静岡新聞』二〇〇三年三月九日付。
(12) 『日本経済新聞』二〇一三年五月六日付。

第２章
平成デフレの構造

デフレーションとは、物価が持続的に低下していく現象であるが、比喩的に言えば、それは人間の身体の体温が低下し続けていくようなものである。身体の機能が衰えたり、血流が悪くなったりして、体温が下がり出した状態がデフレに相当する。逆に、身体がオーバーヒートして体温が上昇していく状態は、インフレーションに相当する。

戦後の日本経済では、インフレの時期が多かった。デフレが続くことはなく、戦後日本経済においては、デフレとは無縁であるように思われていた。

ところが、一九九五年に平成デフレが発現し、以降二〇年間も持続するという異常な事態に陥った。いわば、二〇年間も体温が低下し続けているような現象が持続しており、日本経済が相当に病んでいると言ってよい。

本章では、統計と事実関係に基づいて平成デフレの構造を解明する。

一　円高による企業の日本脱出

外為相場は日本経済の生命線

日本の通貨円は、戦後の一九七一年八月一五日にニクソン声明が出されるまでは、一ドル＝三六〇円であった。その後、スミソニアン会議を経て、七三年春の変動為替相場制への移行によって、円のレートは徐々に上昇していった。八五年九月二二日のプラザ会議前の最終取引日（九月二〇日）の円相場は、ニューヨーク外為市場の終値が一ドル＝二三八円、東京外為市場の終値は一ドル＝二四二円であった。しかし、プラザ戦略が展開されるなかで、円高が進み、八七年一二月末には東京市場で一ドル＝一二二円まで、円が暴騰した。

九四年には、円が一〇〇円を突破し、九五年には一時八〇円を超える円高となった。年平均でみると、九一～九九年は一三〇～九〇円台で推移し、二〇〇〇年代には、九〇円台～一二〇円台となった。特に、一〇～一二年は、円が暴騰して、七〇円台～八〇円台の円高となった。

急激な円高は、輸出企業においては、輸出で得た利益を円に交換する際に大きな減益要因となる。また、製品の輸出価格においては、ダンピングがないとすると、円高になった分だけ、輸出価格が上昇して、他国の企業に対して競争力を弱めることになる。二四〇円前後であったものが、九〇円、八〇円と円高が高進すると、日本の輸出企業は経営が非常に厳しくなる。

すなわち、急激な円高は、二つのルートを通じて日本経済の成長を阻害し、不況をもたらす原因となる。第一のルートは、急激な円高によって採算がとれなくなって倒産したり、閉鎖したりする企業が増加することによって、生産と消費が減少し、不況を生じさせるものである。第二のルートは、円高の高進によって、工場を海外に移転する企業が増加し、そこで働いていた従業員が解雇され、国内の生産、雇用、消費が縮小して不況を生み出すものである。これは産業の空洞化と呼ばれる。

少なくとも、円高不況にはこの二つの側面がある。しかし、これらの二つを厳密に分類して、その実態を明らかにするには相当の調査が必要である。部分的な調査リポート等はあるが、全容は解明されていない。

また、企業の海外進出については、日本の人口減による国内市場の縮小予想や、海外でのビジネスチャンスの拡大を目的として、海外進出をする場合もある。特に、近年は、超円高が定着したために、企業が生き残りをかけて、海外展開を強化している。したがって、日系企業の海外展開の増加をすべて円高から説明することはできない。

しかしながら、政策的に作り出された急激な円高によって、会社や工場を閉鎖したり、生産の海外移転を余儀なくされたりした企業が少なくないことは確かである。浜田宏一教授は、白川方明元日銀総裁が三〇％の円高をもたらしたと指摘した後、円高について次のように述べている。「純粋に輸入だけしている企業や、ユニクロのように海外生産を徹底している企業にはメリットがある。

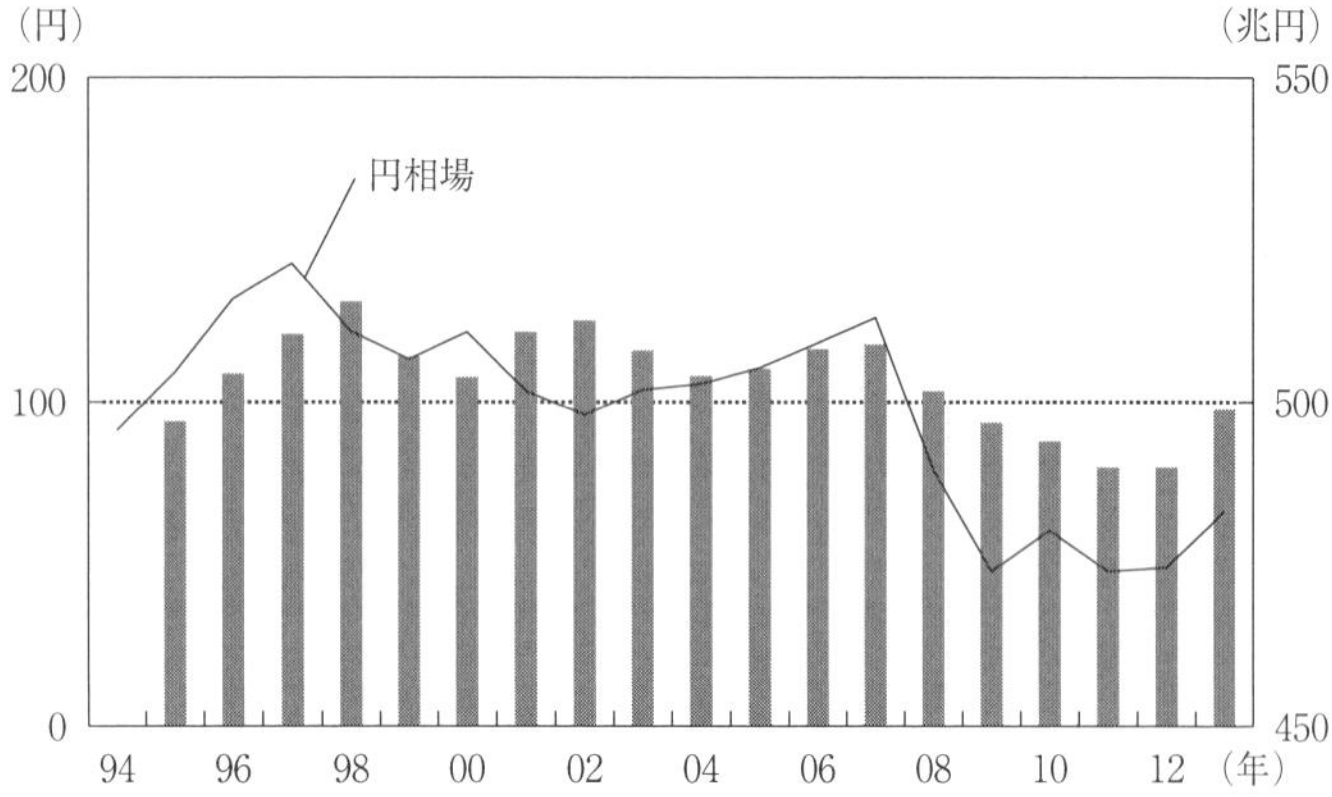

(出所) 内閣府『国民経済計算年報』より作成.

図 2-1 円相場と名目 GDP の推移

しかし、そのユニクロと競争している国内の繊維業者の立場にもなってほしい。競争相手の仕入価格が三〇%も下がることになる。これは深刻な事態だ[1]」。まさに、浜田教授の指摘の通りである。しかし、プラザ戦略以降の円の暴騰は、三〇%というような生易しいものではない。円が暴騰するなかで、かつて日本を代表した電機産業などが競争力を失っていった。

円相場と名目GDPの推移をみると、図2-1のように、若干のタイムラグがあるとはいえ、概ね円相場の変動に沿う形で名目GDPが変動している。九八年には、円相場の動きに約一年遅れて名目GDPが天井を迎え、〇二年には、円相場に二年ほど遅れて名目GDPが天井を打っている。怒涛のような日本企業の海外への脱出が起こる中で、生産財も消費財も、海外との取引が飛躍的に増大している。円相場の変動によって、日本国内の生産や消費に大きな影響が及ぶようになってきている。むろん、日本経済の内在的な要因が日本経済の動向を左右する主因だが、右のグラフは、円相場というものが日本経済の動向にいかに大きな影響を及ぼすものであるかということを如実に示している。

超円高による工場閉鎖と産業空洞化

円高によって日本経済が蒙った影響について、その一端をみることにしよう。一九九三年、労働省の調査によると、長引く不況と円高で、主要一〇〇〇社の六割が雇用調整を実施している。「長引く不況に急激な円高が加わり、企業の雇用調整が全国に広がっている」[2]。

九五年、円相場が一時八〇円という超円高になるなかで、東大阪商工会議所が「円高緊急会議」を開いた。東大阪市は可住面積に占める工場・事業所数の割合が全国第一位と言われている。会議の席上、機械部品製造会社の社長が、次のように訴えた。国内企業（その多くが輸出割合が高い）に部品を卸しているが、ある「歯車は円高などを理由に五%、一〇%と約三か月ごとに仕入れ値を引き下げられ、いま、五年前の約三分の一の価格だ[3]」。ずいぶんひどい話だが、円高の持続に苦しめられている町工場の現実である。付け加えておくと、東大阪市の町工場は、ボーイング社などに部品を納めている会社もあり、決して技術のレベルが低いわけではない。

九七年七月、陶磁器で知られる瀬戸市では、瀬戸輸出陶磁器工業組合が、輸出が困難となったため、組合名から「輸出」の文字を削除する事態となった。同組合の加入者は、八〇年に一八七社であったが、廃業等により、半数以下の八八社に激減してしまった[4]。円高の持続は地域の伝統産業の一部をも破壊した。

九九年七月、東洋紡が伊勢市の伊勢工場と長野県大町市の大町工場を廃止すると発表した。円高のもとで安価なアジア製品に押され、赤字が続いていた(5)。

二〇〇二年には、松下寿電子工業（高松市）が、生産をインドネシアなどに移すため、高知県須崎市の工場などを閉鎖した。また、ベアリング大手の光洋精工（大阪市）が高松事業場を閉鎖して、中国の大連市に生産を移転した。さらに、エクセル電子が高知工場を、大塚化学が徳島第二工場を閉鎖するなど、四国の工場の閉鎖が相次いだ(6)。

〇三年九月、パナソニックコミュニケーションズ（九州松下電器と松下電送システムとの合併会社）が、生産の海外移転が進んできたため、同年中に福岡県、熊本県、神奈川県の三工場を閉鎖することを発表した(7)。

〇九年二月、鹿児島県出水《いずみ》市のパイオニア鹿児島工場が閉鎖されて五一一人が退職し、同年一二月に隣接するNECテクノロジー鹿児島工場が閉鎖され、約四六〇人が職を失うこととなった。出水市は、人口が五万人ほどであり、〇七年に製造業の従業員は約四七〇〇人であった。両社の閉鎖によって、製造業従業員の約二割が失職する事態となった。これらの影響を受けて、〇九年五月には出水地域（出水市・阿久根市・出水郡）の有効求人倍率が〇・二二倍に落ち込み、県下最悪となった。また、〇九年の同市の税収が九％も落ち込んだ(8)。パイオニアでは、他の工場への配置換えも用意したが、従業員の八割にあたる約四六〇人が、家族関係等のため、配置換えではなく、退職を選んだ。ＮＥＣテクノロジーの場合も同様であった[9]。大手企業の工場が閉鎖され、地域経済に深刻な影響が出ている。

リーマン・ショックと円高の直撃を受けた〇八年度は、電機大手などの海外シフトが目立ち、全国で合計一三八の工場が閉鎖された。そのうちの九四か所（約七割）が〇九年一～三月に集中して閉鎖された[10]。

このような状況について、『朝日新聞』は次のように論説している。「八〇年代の円高不況、九〇年代半ばの超円高、そして中国経済の台頭を受けた〇〇（二〇〇〇――引用者）年以降。日本では過去三度、生産拠点の海外移転に伴う雇用への悪影響や、基幹産業の海外流出に対する不安が高まった」。「四度目の『産業空洞化』の懸念が日本社会に忍び寄る[11]」。プラザ戦略以降について、的確な指摘となっている。

一二年六月、山口県光市のシルトロニック・ジャパン光工場（外資系）が閉鎖され、約五〇〇人の従業員がいきなり解雇された。同年一〇月、ソニーが美濃加茂市の工場を閉鎖し、一九〇〇人余りの非正規社員を雇い止めにすることを決めた[12]。同年九月、『日本経済新聞』は、「電機・半導体など大手製造業の国内工場の撤退や縮小が相次ぐ。法人税や人件費などのコスト高に円高の長期化もあって閉鎖の流れが止まらない」と報じている。同紙によれば、一三年には、ＴＤＫの秋田県にかほ市など七工場、ＳＵＭＣＯの兵庫県朝来市など二工場、旭化成の館山市工場など、多数の工場が閉鎖となる。そして、地域が雇用の柱を失っていると指摘している[13]。

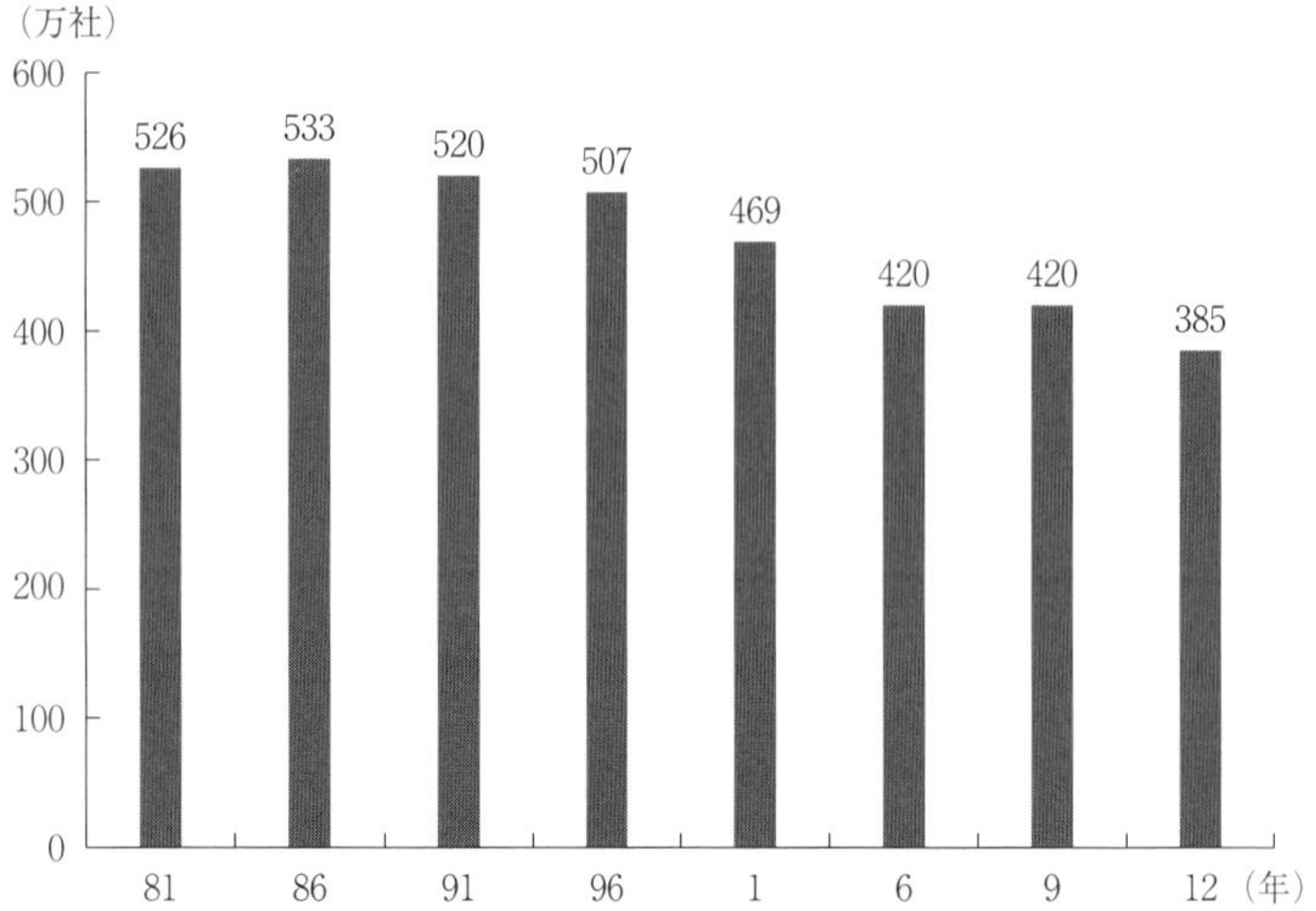

（注） 1. 1996年以前は常用雇用者300人以下（卸売業100人以下，小売飲食・サービス業50人以下），または資本金1億円以下（卸売業3000万円以下，小売・飲食・サービス業1,000万円以下）.
2. 2001年以降は常用雇用者300人以下（卸売業100人以下，小売・飲食・サービス業50人以下），または資本金3億円以下（卸売業1億円以下，小売・飲食・サービス業5,000万円以下）の企業を中小企業とする.
（出所） 中小企業庁『中小企業白書』より作成.

図 2-2　中小企業数の動向

文字通り枚挙に暇がないが、各地で大変な事態が生じている。中小企業数をみると、一九八六年の五三三社万から九一年には五二〇万社に減少している（図2-2）。この時期は、ほとんどがバブル期に属しているのだから、企業数も増加するはずであるが、一〇万社の減少となった。円高がなければ、企業数はもっと増えたはずである。九一年から一二年までの間には、五二〇万社から三八五万社へと、一三五万社も消滅した。この期間は、バブル崩壊後の平成不況期ゆえに、円高だけが原因とは言えない。しかし、急激な円高が日本にある中小企業を大幅に減らす結果となったことは疑いない。〇四〜〇八年の間に、自営業者・家族従事者が「営業不振」「負債（多重債務）」を理由に、毎年三〇〇〇〜四〇〇〇人も自殺している（『中小企業白書』二〇一〇年版）。

海外生産の激増

円高が進むなかで、日本企業の海外への脱出が続き、日本企業の海外生産が激増している。年間平均の円相場が二三八円であった一九八五年には、製造業の現地法人の海外生産比率は、日本の製造企業が国内と海外で生産した総額の三％にすぎなかったが、円相場が一四四円の円高となった九〇年には六・四％と五年間で二倍以上に増加した（表2-1）。円相場が九三円となった九五年に九％に上昇し、その後も、円相場が上昇傾向となるなかで、日本企業は海外生産比率を著しく拡大させていった。その結果、二〇一二年には、製造業の海外生産比率が二〇％を超えるまでになった。

製造業の現地法人の売上高も急激に増大し、八五年に五一兆円であったものが二〇一二年には約二〇〇兆円となった。全産業の海外現地法人も、八五年の約五〇〇〇社から二〇一二年には二・三万社まで激増した。そのうち、アジア地域への進出が際立っており、八五年の約二〇〇〇社から一・五万社と七倍以上に増加した。

これらの海外現地法人は全国各地から進出している。その一部をみれば、次のような状況である。宮城県では、二〇一〇年一月末現在、同県内に本社のある企業のうち、製造業で三五社、非製造業で五社が海外進出している。進出先は中国が最も多い(14)。

表 2-1　海外生産と円相場の推移

（単位：%，兆円，社，円）

年度	製造業海外生産比率	製造業現地法人売上高	全産業現地法人売上高	全産業現地法人		円相場（年平均）	貿易収支
				アジア	全地域		
85	3.0	9.9	51.0	2,065	5,343	238	13.0
90	6.4	26.2	99.8	2,928	7,986	144	10.1
95	9.0	36.7	94.9	4,600	10,416	93	12.3
00	11.8	56.2	129.0	7,244	14,991	107	12.7
05	16.7	87.4	185.0	9,174	15,850	110	11.8
10	18.1	89.3	183.2	11,497	18,599	87	9.5
12	20.3	98.4	199.0	15,234	23,351	79	−4.3

（注）1. 法人ベースの製造業の海外生産比率＝製造業現地法人売上高／（製造業現地法人売上高＋製造業国内売上高）×100
2. 円相場と貿易収支は暦年（内閣府の下記資料）.

（出所）通商産業省『我が国企業の海外事情活動』，内閣府『経済財政白書』より作成.

長野県では、二〇一三年末現在、長野県関係企業が海外に一一五〇の事業所を設置している。香港を含む中国四四二、アメリカ一二六、タイ一一三といった状況である。地域別では、アジアが八八六事業所で、全体の七七%を占めている。分野は、製造業が六四三事業所（約五六%）、販売が四一四事業所（三六%）である。[15]

静岡県では、二〇一四年四月一日現在、県内企業がアジアに九六一、北米に一三一、ヨーロッパに一〇〇など、合計一二五〇の海外事業所等を展開している。地域別割合では、アセアンが最も多く三四・九%、次で中国三三・二%となっている。国別では、中国が最多で四一五、次にタイが一八二である。海外事業所等は、二〇〇八年に一二八五設置されていたが、リーマン・ショック後に減少し、一四年にはリーマン・ショック前に近づいている。海外展開の目的は、「現地市場の開拓」が最も多く、〇四年調査で二九・四％、一四年調査で三一・一％と増加している。次に多いのは「受注確保」で〇四年一九％、一四年二二・七％であり、三番目は「低コスト労働力の利用」で〇四年一五・九％、一四年一七・三％となっている(16)。

岡山県では、二〇一四年末現在、同県に本社のある企業が、三六六の海外事業所を設置している。進出先は、中国一七九社、タイ三九社、アメリカ三五社、インドネシア二〇社、ベトナム一八社、韓国一三社、マレーシア一二社などである。そのうち、アジア地域への進出が三一三社で、約八六％を占めている。進出分野は、製造業が約五二％、非製造業が約四二％、駐在員事務所が約六％である。製造業では、「輸送機械」が製造業全体の一六％、「繊維・衣服」が同一五％、「金属機械」と「一般機械」が各一二％となっている。進出理由は、「進出先での販路拡大」約五〇％、「国内取引先の海外展開」約一八％、「労働コストの低減」約一四％、「原材料コストの低減」九％などである。また、海外事業展開を行っている企業のうち、九六社が海外事業展開によってプラスの効果があったと回答し、七七社がマイナスの影響があったとしている。プラスの効果としては、「コスト低減による製品の価格競争力強化」、「海外での販路拡大」などであり、マイナスの効果としては、「為替変動による損失の発生」、「国内販売の減少」、「国内従業員の減少」、「自社ノウハウ・技術の流出」などを挙げている(17)。

静岡県や岡山県の調査は超円高騒動が終わった後の最新の調査であり、超円高の環境が定着したなかで、企業が必死で生き延びを図っている様子が窺われる。企業は、円高の定着と低迷する日本経済を見据えて、事業の海外展開に活路を求めて、海外進出している。利益を伸ばしているところもあるが、国内経済へのマイナスも出ている。特に、国内従業員の人員削減は日本経済に悪影響を与え、ノウハウや技術の流出は将来に自らの首を絞める大きな災いとなるであろう。実際、技術の保護が脆弱な日本であるがゆえに、日本企業の技術は、アジア諸国に相当流出しているものとみられる（円高のほかに、技術や人材〔定年後含む〕の流出も非常に重大な問題である）。

かくして、圧倒的多数の企業が海外進出し、世界の工場の役割を果たしてきた日本経済は、いまや大きな構造変化を蒙るに至った。超円高によって産業が空洞化し、誰も日本を「世界の工場」とは呼ばなくなった。

時の政権がプラザ戦略を推進したころ、前川リポートがもてはやされた。マスコミも含め、官民挙げて前川レポートを称賛した。当時の就職試験にも、前川リポートに関する問題がしばしば出題された。

前川リポートが褒め称えられるなかで、数少ない反対論者として、篠原三代平教授が次のように批判した。イギリスもアメリカも過去において経常黒字を享受しており、輸出主導型の行き方は悪いことではなく、企業の海外進出を提唱した前川リポートのような方向が強力に推進されれば、「経済大国としての日本は案外早く衰亡することになりはしないだろうか(18)」。その後の日本経済の実態は、篠原教授のこの批判が正しかったことを疑問の余地なく示している。

超円高が定着したために、全国各地の企業が群れをなして生産基地を海外に移し、それを逆輸入するようになった。そのため、日本の貿易収支が八五年と比較すると激減しており、ついに一一年には赤字に転落した。一一年三月の東日本大震災の影響によって原子力発電所が操業停止にされた影響もあるが、中国からの輸入が多く、最近には赤字幅が拡大している。日本企業が競争に敗れて製品輸入を増加させたことが、赤字の拡大幅を広げているとの指摘もある（『日本経済新聞』二〇一四年四月二三日付）。もはや、日本は貿易立国とは、とても言えない状況に陥ってしまった。

二　失業の増加と減収

失業者の増加

バブルが崩壊して、過剰資本の整理が進む過程で、急激な円高が平成不況をさらに激化させた。不況の進行とともに、完全失業者が激増した。一九九〇年に一三〇万人台であった完全失業者が、九五年には二〇〇万人台を突破し、九八年の経済恐慌後の九九年には三〇〇万人を突破して、〇四年まで三〇〇万人を超える水準が続いた。その後、二〇〇万人台に下がったが、リーマン・ショック後の〇九年と一〇年には再び三〇〇万人台となり、その後も二〇〇万人台で推移している（表2-2）。

また、年平均の完全失業率でみても、平成不況期を通じて厳しい状況が続いた。全体の完全失業率が、九五年には、高度経済成長期以降で初めて三%台に上昇した。オイル・ショック後の不況で

表 2-2　就業者数と完全失業率

（単位：万人，%）

年	就業者	完全失業者	完全失業率	年	就業者	完全失業者	完全失業率
1990	6,249	134	2.1	03	6,316	350	5.3
91	6,369	136	2.1	04	6,329	313	4.7
92	6,436	142	2.2	05	6,356	294	4.4
93	6,450	166	2.5	06	6,382	275	4.1
94	6,453	192	2.9	07	6,412	257	3.9
95	6,457	210	3.2	08	6,385	265	4.0
96	6,486	225	3.4	09	6,282	336	5.1
97	6,557	230	3.4	10	6,257	334	5.1
98	6,514	279	4.1	11	[5,977]	[284]	[4.6]
99	6,462	317	4.7	12	6,270	285	4.3
2000	6,446	320	4.7	13	6,311	265	4.0
01	6,412	340	5.0	14	6,351	236	3.6
02	6,330	359	5.4				

（注）　2001 年の［ ］内の数値は，震災のため，岩手，宮城，福島県を除く.
（出所）　総務省『労働力調査年報』より.

も、三%台までは上昇しなかった。平成不況が続くなかで、失業者が増加し、九八年には四%台となり、さらに二〇〇一年には五%台に達した。五%台が〇三年まで続き、〇二年八月と〇三年四月などには、最高の五・五%となった。その後、一三年まで完全失業率は四%前後で推移したが、リーマン・ショック後の〇九年、一〇年には、再び五%台に上昇した。〇九年七月には五・五%と厳しい事態になった。

しかも、深刻なことに、若者の失業が群を抜いて高くなった。一五歳から二四歳の完全失業率は九一年に四・五%であったものが、九五年に六%台に上昇し、九九年から〇二年まで九%台に跳ね上がった。〇三年には、ついに一〇%を突破し、全体の完全失業率の二倍となった。その後やや下がったものの、概ね八%前後の高さにある。若年層の失業がきわめて高いことは、

表 2-3　雇用者数の推移

（単位：万人）

年	雇用者			年	雇用者		
	総数	常雇	臨時雇		総数	常雇	臨時雇
1990	4,835	4,316	393	03	5,335	4,598	615
91	5,002	4,477	398	04	5,355	4,608	631
92	5,119	4,589	409	05	5,393	4,631	650
93	5,202	4,657	422	06	5472	4702	659
94	5,236	4,690	424	07	5523	4751	664
95	5,263	4,709	433	08	5,524	4,767	649
96	5,322	4,754	448	09	5,460	4,709	647
97	5,391	4,791	475	10	5,463	4,706	653
98	5,368	4,750	493	11	[5,244]	[4,523]	[619]
99	5,331	4,690	516	12	5,504	4,744	653
2000	5,356	4,684	552	13	5,553	5,081	390
01	5,369	4,677	570	14	5,595	5,163	357
02	5,331	4,604	607				

（注）1. 2001年の［ ］内の数値は，震災のため，岩手，宮城，福島県を除く．
2. 臨時雇は1カ月以上1年以内の期間を定めて雇われている者．
3. 日雇いは省略したため，総数は一致しない．

（出所）総務省『労働力調査年報』より．

日本の将来にとって由々しきことであるばかりでなく、さまざまな社会問題を引き起こす素地となっている。

　また、雇用者数についてみると、平成不況期において、常用雇用は大きな変動がみられないが、臨時雇用が大幅に増加した（表2-3）。九一年には四〇〇万人弱であったが、九九年に五〇〇万人台を突破し、〇二年から一二年まで六〇〇万人の水準が続いた。不況が深刻化するなかで、多くの企業が、臨時雇用を増やす形で、人件費の削減を図った。〇八年には、失業が原因となって、六四八人が自殺した（前年比約二〇％増）。

　完全失業の増加は、有効求人倍率を低下させ、九八～〇二年まで連続して〇・五倍台以下となった（九九年は〇・四八倍）。厳しい就職状況が続き、学校を卒業しても、就職が決まらない人たちが増加した。

賃金と収入の減少

このような厳しい雇用情勢を反映して、勤労者の賃金も低下していった。厚生労働省の調査では、一年以上雇用された者の所定内給与額（月平均）が一九九〇年に二五・四万円であったが、〇一年に三〇・五万まで上昇し、その後下落に転じ、一四年に二九・九万円となっている。前年比でみると、伸び率が九五年から一％台に落ち込み、〇二年から〇九年まで、〇五年を除いて、マイナスの値となり、年間の給料が減少している（表2-4）。非正規の雇用者の給与はさらに落ち込みが激しくなった。

国税庁の調べでは、年間の平均給与額が九〇年は四二五万円であり、その後九七年まで上昇傾向をたどり、九八年から一二年まで減少傾向が続いた。九七年四六七万円のピークから、一二年四〇八万円まで、五九万円（約一三％）の減少となった。

ところで、給与収入はそのまま自由に使うことができず、その中から社会保険料（年金・健康保険・介護保険などの掛金）や税金を、法律に従って納入しなければならない。収入金額から社会保険料・所得税・住民税を差し引いた金額が可処分所得（いわゆる「手取り」）であり、一般の勤労者はこの可処分所得を基本にして、生活に必要な支出を行っていくことになる。

表 2-4　平均賃金の推移

（単位：万円，%）

年	所定内給与額	増加率	平均給与	増加率	年	所定内給与額	増加率	平均給与	増加率
1990	25.4	5.3	425	5.7	03	30.2	−0.2	443	−0.9
91	26.6	4.6	446	5.0	04	30.1	−0.2	438	−1.1
92	27.5	3.3	455	1.9	05	30.2	0.1	436	−0.5
93	28.1	2.1	452	−0.6	06	30.1	−0.1	434	−0.4
94	28.8	2.6	455	0.7	07	30.1	−0.2	437	0.5
95	29.1	1.0	457	0.4	08	29.9	−0.7	429	−1.7
96	29.5	1.5	460	0.8	09	29.4	−1.5	405	−5.5
97	29.8	1.1	467	1.4	10	29.6	0.6	412	1.5
98	29.9	0.1	464	−0.5	11	29.6	0.2	409	−0.7
99	30.0	0.5	461	−0.8	12	29.7	0.3	408	−0.2
2000	30.2	0.5	461	−0.1	13	29.5	−0.7	413	1.4
01	30.5	1.2	454	−1.5	14	29.9	1.3		
02	30.2	−1.0	447	−1.4					

（注）1. 所定内給与額は決まって支給される給与（月額）で，厚生労働省の調査結果.
2. 端数は切り捨て．増加率は端数を含めて計算.
（出所）厚生労働省，国税庁の調査による.

しかし、子供などがいる世帯では、右の平均給与の手取りでは、生活が困難な世帯もある。そこで、配偶者のパート収入や臨時収入で生活費を賄う家庭も少なくない。統計では、このような収入も加えた収入を「実収入」と呼んでいる。

統計の連続性の制約上、二〇〇〇年以降についてみると、二人以上の勤労者世帯の月額の実収入は、世帯主等の収入の減少を反映して、二〇〇〇年の約五六万円から、一一年には約五一万となり、五万円も減少している（表2-5）。また、実収入の減少にともなって、預貯金も減少している（二〇〇〇〜一三年の間にマイナス一・六％）。

いずれにしても、平成不況、特に、平成デフレが発生した九五年以降、勤労者

表 2-5　勤労者世帯の実収入・消費・預貯金の推移

（単位：円，%）

年	実収入	前年比	実支出	前年比	消費支出	前年比	預貯金	前年比
2000	562,754		430,239		341,896		414,804	
01	552,734	－1.8	422,941	－1.7	336,209	－1.7	415,791	0.2
02	539,924	－2.3	417,408	－1.3	331,199	－1.5	405,520	－2.5
03	524,810	－2.8	410,709	－1.6	326,566	－1.4	397,635	－1.9
04	531,690	1.3	417,038	1.5	331,636	1.6	406,728	2.3
05	524,585	－1.3	412,928	－1.0	329,499	－0.6	401,296	－1.3
06	525,719	0.2	404,502	－2.0	320,231	－2.8	407,379	1.5
07	528,762	0.6	409,716	1.3	323,459	1.0	413,147	1.4
08	534,235	1.0	416,415	1.6	324,929	0.5	412,906	－0.1
09	518,226	－3.0	409,374	－1.7	319,060	－1.8	403,985	－2.2
10	520,692	0.5	409,039	－0.1	318,315	－0.2	408,903	1.2
11	510,149	－2.0	398,448	－2.6	308,838	－3.0	398,904	－2.4
12	518,506	1.6	407,375	2.2	313,874	1.6	405,811	1.7
13	523,589	1.0	416,626	2.3	319,170	1.7	408,284	0.6
13-00	－39,165	－7.0	－13,613	－3.2	－22,726	－6.6	－6,520	－1.6

（注）　2 人以上の勤労者世帯の平均値.
（出所）　総務省『家計調査年報』2013 年版より作成.

の賃金の減少が顕著である。それまで、多くの日本人は、少々仕事がきつくても、生活がつらくても、いずれ給料が上昇していくことを期待して、頑張って生きてきた。このような期待が持てない時代に変わってしまった。

収入の減少によって、消費者支出も減少しているが、この点は本章四で言及する。

三　地方経済の衰退

総生産額・雇用者および人口の減少

経済は一国のレベルで論じられることが多いが、言うまでもなく、地域によってかなりの差がある。平成不況において、地方の衰退が一層激しくなった。

内閣府の統計に基づいて、一九九〇年代の総生産額（名目）をみると、不況とはいえ、一九九六年度まで概ね各地域ブロックとも増加している。その後、減少傾向の地域ブロックが増え、二〇〇八～〇九年度には全ての地域ブロックが減少となった。二〇〇一年度と一二年度を比較すると、すべての地方ブロックで総生産額が大きく落ち込んでいる。最大の減少となったのは、北海道・東北ブロックで、約六兆円減少した。次に、近畿ブロックの落ち込みが激しく、五・六兆円の下落となった（表2-6）。減少率でみると、やはり北海道・東北ブロックが約九％で最も大きく、四国ブロック八・五％、近畿ブロック約七％という順に落ち込んでいる。

雇用者数も九〇年度から二〇〇〇年度にかけてはすべての地域ブロックで増加傾向をたどったが、二〇〇一年度から一二年度にかけては多くのブロックで下落となっている。最大の下落は北海道・東北ブロックで五五万人、次は近畿ブロック三八万人の減少となっている。

人口の動向をみると、概ね九〇年から二〇〇〇年度にかけては各ブロックとも増加傾向にあったが、二〇〇一年度からは関東ブロックと中部ブロック以外では、軒並み減少している。人口減少も、やはり北海道・東北ブロックが最大であり、九九万人減少した。

総生産額・雇用者・人口のすべてにおいて、北海道・東北ブロックの減少が最大となっている。北海道・東北ブロックの内訳をみると、上記期間に、東北地域の総生産額は三・七兆円（北海道・東北ブロックの六四％）の減少、雇用者数は三三万人（同六〇％）の減少、人口は七七万人（同七

表 2-6 地域別総生産・人口・雇用者の推移

（単位：億円，万人）

		2001(a)	2010	2012(b)	(b)－(a)
北海道	総生産	202,812	183,589	181,241	－21,571
	人口	568	550	546	－22
	雇用者	229	210	207	－22
東北	総生産	436,690	392,280	398,954	－37,736
	人口	1,227	1,171	1,150	－77
	雇用者	505	478	472	－33
関東	総生産	2,043,927	1,991,895	1,994,411	－49,516
	人口	4,382	4,561	4,561	179
	雇用者	1,940	1,937	1,943	3
中部	総生産	771,901	737,341	762,293	－9,608
	人口	1,797	1,818	1,810	13
	雇用者	822	850	848	26
近畿	総生産	834,691	781,062	778,046	－56,645
	人口	2,090	2,090	2,084	－6
	雇用者	840	800	802	－38
中国	総生産	292,216	276,854	277,014	－15,202
	人口	773	756	750	－23
	雇用者	324	314	312	－12
四国	総生産	147,387	135,294	134,789	－12,598
	人口	414	397	393	－21
	雇用者	160	150	149	－11
九州	総生産	484,346	475,101	474,831	－9,515
	人口	1,477	1,459	1,455	－22
	雇用者	573	579	582	9

（注） 総生産額は2005年基準．原資料の単位未満は切り捨て．なお，発表年度により，数値に差違のある箇所がある．

（出所） 内閣府．

八％）の減少となっている。東北地方は、一一年三月に東日本大震災に見舞われたが、すでにそれ以前から激しい減少が続いている。震災を挟む二〇一〇年度から一二年度までの期間に、総生産額は〇・六兆円増大したが、震災以前の二〇〇一年度から一〇年度までに約四兆円減少している。雇用者は一〇年度から一二年度までに六万人減少したが、すでに二〇〇一年度から一〇年度の間に二七万人も減少している。人口は、一〇年度から一二年度までに二一万人減少したが、すでに二〇〇一年度から一〇年度の間に五六万人減少している。

地方都市の中でも、大都市が雇用機会に恵まれているために人々を惹き付け、それ以外の都市は人口を減らしている。地方都市を活性化させるような仕組みを取り入れた道州制の実施などが必要である（ただし、既得権益を守ろうとする勢力があるので、しっかりとした準備が必要である）。

県民所得の減少

県民所得の推移をみると、二〇〇〇年度までは増加しているが、同年度以降は減少に転じている。最も減少しているのは、やはり北海道・東北ブロックであり、二〇〇〇年から一二年までに五・三兆円の減少となっている（表2-7）。近畿ブロックも四・四兆円という大きな減少となっている。率でみると北海道・東北ブロックが一一％と最大の落ち込みで、次いで四国ブロックが八・五％の減少となっている。一人当たりの雇用者報酬をみると、金額では、近畿ブロックが七〇万円の減少で最大の減少となり、以下、中国ブロック六六万円、中部ブロック五〇万円という順で減少してい

表 2-7　地域ブロック別所得・雇用者報酬の推移

（単位：億円，万円，％）

		1990	2000(a)	2010	2012(b)	(b)−(a)	変化率
北海道・東北	総所得	429,442	485,975	424,852	432,734	−53,241	−11.0
	雇用者報酬	388	451	414	416	−35	−7.8
関東	総所得	1,430,845	1,554,906	1,510,076	1,519,459	−35,447	−2.3
	雇用者報酬	520	552	521	519	−33	−6.0
中部	総所得	534,031	582,590	543,616	572,740	−9,850	−1.7
	雇用者報酬	448	487	438	437	−50	−10.3
近畿	総所得	612,576	633,671	587,738	588,995	−44,676	−7.1
	雇用者報酬	494	548	481	478	−70	−12.8
中国	総所得	205,954	223,411	206,417	209,728	−13,683	−6.1
	雇用者報酬	430	485	426	419	−66	−13.6
四国	総所得	97,739	110,752	101,566	101,341	−9,411	−8.5
	雇用者報酬	422	451	425	427	−24	−5.3
九州	総所得	325,145	370,848	362,187	364,661	−6,187	−1.7
	雇用者報酬	406	446	402	399	−47	−10.5

（注）　雇用者報酬は１人当たりの金額.
（出所）　内閣府.

る。減少率では、中国ブロックの一三・六％を筆頭に、近畿ブロック一二・八％、九州ブロック一〇・五％と続いている。二〇〇〇年度から一二年度までの期間について、全ブロックの平均では、県民所得が二・四兆円減少し、雇用者所得が四六万円減少している。

若干の都府県についてみると、次のような状況となっている。一人当たり雇用者報酬では、首都である東京都が最も高く、一二年度では東京都が六三三万円、沖縄県は三四八万円であり、二八五万円の格差がある。例年、東北の青森県、南九州の鹿児島県、沖縄県などが、下位のランクとなることが多い。雇用者報酬も二〇〇一年度頃から減少に転じており、二〇〇一年度から一二年度の減少額は佐賀県が九三万円、広島県が八五万円となっている。奈良県も、八〇万円と減少幅が大きい。ここでは、全県について言及できないが、全国的にこの一〇年余り雇用者の収入の減少が続いており、厳しい状況にある。

中心市街地の衰退

自動車の普及（モータリゼーション）とともに、地方都市の郊外開発が進められ、地方都市の中心市街地が活気を失っていった。これを決定づけたのが次の三法である。すなわち、「中心市街地における市街地の整備改善及び商業等の活性化の一体的推進に関する法律」（中心市街活性化法、一九九八年七月施行）、改正都市計画法（同上施行）、「大規模小売店舗立地法」（二〇〇〇年六月施行）である。これらは、その内実に反して、「まちづくり三法」と総称されている。また、二〇〇〇年六月に「大規模小売店舗における小売業の事業活動の調整に関する法律」（大店法）が廃止された。これは、戦後の商業政策の大転換であるが、日米経済協議における外圧を利用して、大手流通資本の利益を優先させた結果である。

大規模小売店舗立地法は、店舗面積一〇〇〇m²以上の小売店を大規模店舗とし、郊外型大規模店舗の進出を地元の商業事情などによって規制しないよう定めた（第一三条）。それまでは、大店法によって、そのようなことは禁止されていた。「まちづくり三法」によって、大規模店舗が郊外に移動し、中心商店街がシャッター通りとなり、地方都市の中心部が目に見える形で廃れてきた[19]。中心街の衰退が明らかになると、政府は法律の部分改正を行って「新まちづくり三法」を施行した。しかし、一旦できあがった郊外型ショッピングタウンを元に戻すのは難しい。各地の商店街で、「これでは自民党政権は持たないな」という声が多く聞かれるようになり、民主党によって倒された。しかし、地方都市の衰退は、民主党政権においても、何ら改善されず、今日まで続いている。

地方都市では、独自の努力で活性化させているところを除けば、商店の経営は厳しくなっており、小売店舗も激減している。一九八五年、全国に一六二・八万あった小売店は、〇七年には一一三・七万に激減している。これまで、商業者は地方経済を支えるという面で大きな役割を担ってきた。特に、中心市街地の固定資産税は高く、地方都市においては、商業者は有力な担税者である。中心商店街の衰退は、地方都市の財政からみても、大きな痛手となっている。

企業の海外への脱出よる工場の閉鎖、中心市街地の衰退は、就業上も財政上も、地方経済をいっそう疲弊させ、委縮させた。工場の閉鎖も、中心市街地の衰退も、元を正せば、どちらも時の政府の政策によってもたらされたものである。行き過ぎた規制は緩和すべきであるが、ドイツなどヨーロッパでは、市街地に関する規制は慎重に定められ、美しい街並みが保存されている。日本経済は地方経済の集合体である。アメリカからの外圧を理由に、時の政権によって、地方経済が破壊され、戦後日本の経済構造が破壊されたと言うことができる。

四　消費支出と設備投資の減少

消費支出の傾向的減少

平成不況が進行するなかで、九七年に収入の上昇が止まり、一九九八年から傾向的に減少してきたが、支出も同様の傾向を辿っている。総務庁『家計調査年報』によって、「全世帯」の一か月当たりの支出の推移をみると、消費支出が九八年から落ち込み始めた（表2-8）。消費支出の項目のうち、「家具・家事用品」や「被服及び履物」などは九二年から下落を始めている。前者は、九一年の一万三四〇一円から九九年には一万一六六二円に減少し、一七三九円少なくなった。後者は、九一年の約二万三八一四円から九九年には一万七五六五円に減少し、六二四九円少なくなった。「食料」への支出は、変動はあるが、同期間に、五五四〇円減少している。他方、「居住」への支出は九七年まで上昇を続けた。この表には記載していないが、交通通信費は九〇年代末まで傾向的に上昇している。これらの結果として、「消費支出」が九一年から九九年の間に約四〇〇〇円減少した。

次に、二〇〇〇年以降について、表2-9をもとに、「総世帯」の一か月当たりの支出の推移をみよう。ただし、統計の取り方の違いから、この表は右の数値と直接比較できない（この表の二〇〇〇年の「消費支出」は、前表の数値よりも、三万五九二五円少ない数値となっている）。

表 2-8　1 世帯当たり 1 か月の支出の推移（1990-99）

（単位：円）

年	消費支出	食料	居住	家具・家事用品	被服及び履物	教育	教養娯楽
1990	311,174	78,956	14,814	12,396	22,967	14,471	30,122
91	327,113	82,130	16,712	13,401	23,814	14,211	31,442
92	333,661	82,381	18,251	13,092	23,344	15,394	32,815
93	335,246	81,562	18,725	12,562	22,305	15,119	33,596
94	333,840	80,552	20,480	12,906	21,196	15,700	33,053
95	329,062	77,886	21,365	12,529	20,229	15,381	31,550
96	328,849	77,042	22,226	12,227	19,394	14,819	31,860
97	333,313	78,306	22,308	12,133	19,336	15,248	32,833
98	328,186	78,156	20,392	11,861	18,013	14,643	32,434
99	323,008	76,590	21,041	11,662	17,565	13,539	33,378
99-91	−4,105	−5,540	4,329	−1,739	−6,249	−672	1,936

（注）「全世帯」の年平均.
（出所）総務省『家計調査年報』2003 年版より.

消費支出の多くの項目が二〇〇〇年から一一年頃まで減少し続けている。この期間に、「総世帯」の食料支出が約七〇〇〇円減少した。同期間に、「被服及び履物」が約四三〇〇円減り、「教養娯楽」への支出は約三八〇〇円減少した。「教育」への支出は一三年に約八〇〇〇円に落ち込んで、二〇〇〇年と比較して約二〇〇〇円少なくなり、子どもの教育費も削減されている。なお、右の期間に、「家具・家事用品」への支出は八三三円減少している。

以上のように、収入の減少に連動して、「消費支出」も九三年をピークに、九四年から減少に転じ、二〇一一年まで減少を続けた。「食料」「被服及び履物」「教養娯楽」のほか、この表には掲載していない「交際費」「こづかい（使途不明）」も減少している。ちなみに、「こづかい（使途不明）」は、二〇〇〇年の一万五八九七円から二〇

表2-9　1世帯当たり1か月の支出の推移（2000-13）

（単位：円）

年	消費支出	食料	居住	家具・家事用品	被服及び履物	教育	教養娯楽
2000	281,208	65,456	21,855	9,344	14,245	10,221	30,188
01	273,183	63,262	21,411	9,399	13,180	9,461	29,149
02	269,835	62,795	21,103	8,782	12,838	9,333	28,594
03	266,432	61,441	21,252	8,715	12,181	9,498	27,632
04	267,779	61,559	20,684	8,361	12,030	9,614	28,607
05	266,508	60,532	20,455	8,487	11,659	9,078	28,369
06	258,086	59,491	19,530	8,136	11,407	9,100	27,379
07	261,526	59,961	19,287	8,308	11,385	9,162	28,371
08	261,306	60,583	18,930	8,319	11,175	9,111	28,359
09	253,720	59,258	18,402	8,448	10,572	9,112	28,396
10	252,328	58,635	19,006	8,522	10,006	8,357	28,649
11	247,223	58,376	19,624	8,511	9,920	8,226	26,404
12	247,651	58,500	18,962	8,562	9,798	8,163	25,517
13	251,576	59,375	19,344	8,716	9,976	8,088	25,935
2011-00	−33,985	−7,080	−2,231	−833	−4,325	−1,995	−3,784

（注）「総世帯」の年平均．統計の取り方に違いがあり，前表との接続性は若干欠ける．

（出所）総務省『家計調査年報』より．

一一年の八七一一円と約七二〇〇円も減少し、最大の削減項目となっている。同期間に、「交際費」は二万七四〇八円から二万一六〇四円と、約六〇〇〇円減少した。

要するに、二〇〇〇年から一一年までの期間において、「こづかい（使途不明）」が最も削減され、以下「食料」「交際費」「被服及び履物」「教養娯楽」などの順に削減されている。

多くの勤労者は、手取りからさらに民間の医療・生命保険等を差し引いた金額で生活しなければならない。食費も大きく切り詰められている。エンゲル係数（消費支出に占める食料費の割合）は九〇年代半ばから、二三％前後で推移している。消費支出が減少しているにもかかわらず、エンゲル係数がほとんど変化しないということは、食費が減らされていることを意味している。その昔に流行ったグルメを追い求めることも、いまでは容易いことではなくなった。

設備投資の減少

バブル期に企業は旺盛な設備投資を行ったが、バブルの崩壊によって、それらの設備が過剰となった。『経済財政白書』はバブル崩壊後の一九九三～九七年度には、過剰債務を背景に、企業が負債返済を優先させ、設備投資をいっそう抑制する傾向があったと分析している。[20]そのため、同白書の分析では、九四年、九九年、二〇〇二年、および〇九年に、製造業の設備過剰感がきわめて強くなっている。リーマン・ショック後の〇九年には、設備の「過剰」から「不足」を差し引いた値が四〇ポイントに近づき、過去最悪となった。[21]この時は、リーマン・ショックの影響が大きいが、平成不況下での家計消費の減少、ならびに日本企業の海外生産の急増も国内企業の設備投資の減少の大きな原因と考えられる。

生産設備は一度設置されると一定期間使用され、家計消費支出と異なった動きとなることが多い。しかし、生産計画に深くかかわる設備投資は、民間需要の二大要素であり、国内総生産に少なからぬ影響を及ぼしている。

表2-10にみられるように、民間設備投資の名目GDPに及ぼす寄与度が、九五～一三年までの

表2-10 名目GDPと対前年増加寄与度の推移

(単位：%)

年	名目GDP	国内需要	民間需要	民間最終消費支出	民間企業設備	公的需要	純輸出
1995	1.2	1.8	1.3	0.8	0.2	0.6	−0.6
96	2.0	2.9	1.9	1.3	0.0	1.0	−0.9
97	2.2	1.6	1.8	1.2	1.2	−0.3	0.6
98	−2.1	−2.8	−2.4	−0.5	−1.0	−0.4	0.8
99	−1.5	−1.2	−1.6	0.3	−0.8	0.5	−0.3
2000	1.0	1.1	1.2	−0.1	0.7	−0.1	−0.1
01	−0.8	0.0	−0.3	0.3	−0.5	0.2	−0.8
02	−1.3	−2.0	−1.8	−0.1	−1.1	−0.1	0.7
03	−0.1	−0.4	0.2	−0.3	0.2	−0.6	0.3
04	1.0	0.7	0.9	0.2	0.2	−0.3	0.3
05	0.0	0.6	0.9	0.5	0.7	−0.4	−0.5
06	0.6	0.7	1.0	0.5	0.6	−0.3	−0.1
07	1.2	0.8	0.8	0.1	0.7	0.0	0.5
08	−2.3	−0.8	−0.7	−0.4	−0.3	−0.1	−1.5
09	−6.0	−6.2	−6.5	−1.8	−2.4	0.3	0.2
10	2.4	1.5	1.3	0.6	−0.2	0.3	0.9
11	−2.3	−0.2	−0.1	−0.3	0.3	−0.1	−2.1
12	0.8	1.9	1.6	0.8	0.4	0.3	−1.1
13	1.1	1.9	1.2	1.1	0.2	0.7	−0.9

(注)「民間需要」には「民間住宅」「在庫品増加」が含まれるが，省略.
(出所) 内閣府『国民経済計算年報』2013年度版より.

期間に、減少している年が七年あり、増加した年でも、ほとんど〇％台の伸びにとどまっており、低迷している。特に、平成恐慌の九八年とリーマン・ショック翌年の〇九年には、上記の寄与度が、前年比でそれぞれマイナス一％、マイナス二・四％と落ち込んでいる。しかも、企業の設備投資は、リーマン・ショックの後も低迷が続いている。企業の設備投資の減少は、設備を生産する会社の雇用や賃金の押し下げ圧力となり、景気低迷の原因となっている。

なお、平成不況下では、政府などの公的需要は、微減傾向となっており、景気浮揚にはほとんど影響を及ぼしていない。

五 消費者物価の下落

消費者物価の下落プロセス

借りたおカネは返済しなければならない。結局、おカネがなければ、買い物はできない。だから、消費者は、給与や収入が下がって、手取りが減れば、支出を減らすしかない。

他方、販売を業とする事業者は、商品が売れなければ、利益が得られない。消費者が支出を減らすと、商品があまり売れなくなる。そこで、価格を引き下げて少しでも多く販売して、利益総額を増やそうとする。薄利多売である。その結果、世の中の小売物価（消費者物価）が下落する。

『中小企業白書』は次のような実態を明らかにしている。中小企業の場合、「プライスリーダーの企業が価格引き下げを行った場合、他の多くの企業もそれに追従しがちな傾向が見られる。その結果、価格競争は更に激化してしまう」。不況のもとで販売数量を増やすために販売価格を引き下げてもそれほど収益が上がらず、さらにコストダウンと安売りをしなければならないという悪循環に陥っている。[22] これが、平成不況下で消費者物価が下落する主要なメカニズムである。

大手スーパーの場合には、大量仕入れによって仕入れ値を引き下げたり、ショッピングセンター内のテナントに宣伝広告や駐車場の経費を負担させたりして、販売価格の引き下げと利益の拡大を図っている。中小業者と方法が異なるが、低価格販売を基本としている。なお、寡占的メーカーの場合は、機能や品質の向上によって販売単価の引き上げを図っている。しかし、やりすぎると、中国や韓国などのメーカーに顧客を奪われることになる。

次に、消費者の行動をみよう。消費者態度指数は、五〇を割って数値が小さくなるほど、消費者の消費行動が消極的になることを示すものである。一九九〇年には、この数値が四九であったが、九三年に三六・四に急降下し、その後、四〇を挟んで乱高下を繰り返している。一時的に二〇〇五年に四七・四まで回復したが、すぐに下がって、〇八年には二七・六という極端に弱い数値となった。このように、賃金や収入の下落に対応して、消費者が消費行動を抑制している様子が窺える。

実際に、消費支出は、上述したように、給与や収入の減少とともに傾向的に減少している。病気や先々のことを考慮すれば、民間の医療保険や生命保険等、保険への加入も必要となる。しかし、この保険料（勤労世帯〔二人以上〕）も、二〇〇〇～一三年の間に四万一七九六円から二万五七七二円に減少し、約三八％節約されている。これらの消費支出以外の支出を含む「実支出」も、二〇〇〇年に月額約四三万円であったが、その後減少に転じ、一一年に約三九・八万円となり、約三万円減少した。

以上のことから、平成不況のなかで、勤労者の収入が減少し、勤労者が消費を含む支出の節減に努めていることが見て取れる。

表2-11は、総務省の「消費者物価指数」の中分類指数（全国）の一部をまとめたものである。この表から、次のような特徴が分かる。まず、「家庭用耐久財」の価格の下落傾向が顕著であり、下落幅も三～一〇％台という目立った値となっている。次に、「教養娯楽」の価格が九五年から一三年まで顕著な下落を示している（消費税の値上げの影響を受けた九七年、九八年を除く）。「衣料」も二〇〇〇年代前半に下落傾向が続いているが、その後はあまり下がっていない。「食料」（生鮮食品、外食等を含む）の価格の動きは、「総合」消費者物価指数（持家の帰属家賃を除く）の動きと類似した傾向を示している。また、表では省略しているが、家賃を含む「居住」の価格が、九八年以降、ゼロ％台かマイナスの値となっており、消費者物価指数を持続的に押し下げる要因となっている。

さらに認識を深めるため、東京都区部について、いくつかの品目を採り上げて、価格の動向をみよう。表2-12の中では、金額でみると、電気冷蔵庫の価格の下落が顕著であり、九四年と一四年を比較すると、約一・七万円（九・五％）下落している。九〇年代半ばには上昇傾向を示したが、その後下落を続けた。電気冷蔵庫は、海外に進出した企業が海外生産で安く生産し、逆輸入した影響が大きい。しかし、円相場も影響しており、円高が是正された一四年には、前年比で約二・七万円上昇している。

次に、ワンピース（春夏物）の価格の下落幅が大きく、九四年から一四年の間に、約一万円下落

表 2-11 消費者物価の動向

(単位：%)

年	総合	食料	家庭用耐久財	衣料	教育	教養娯楽
1990	3.1	4.0	−1.3	5.5	5.0	3.4
91	3.3	4.8	−2.1	5.2	4.8	2.9
92	1.6	0.6	−0.2	2.9	4.4	3.2
93	1.1	1.0	−1.1	−0.8	4.2	1.6
94	0.5	0.8	−4.0	−2.2	3.2	1.2
95	−0.3	−1.2	−3.2	−1.0	2.9	−0.7
96	0.0	−0.1	−4.2	1.4	2.4	−1.1
97	1.6	1.8	−2.6	2.3	2.1	1.5
98	0.7	1.4	−3.9	1.7	1.9	0.1
99	−0.4	−0.5	−2.5	−0.1	1.4	−0.8
2000	−0.9	−1.9	−6.6	−1.7	1.1	−0.9
01	−0.9	−0.6	−7.6	−3.1	1.1	−3.0
02	−1.1	−0.8	−7.7	−3.2	1.0	−2.2
03	−0.3	−0.2	−7.6	−2.6	0.6	−1.5
04	0.0	0.9	−8.4	−0.5	0.7	−1.4
05	−0.4	−0.9	−4.2	1.5	0.7	−0.9
06	0.3	0.5	−5.2	1.1	0.7	−1.5
07	0.1	0.3	−6.1	0.4	0.7	−1.3
08	1.6	2.6	−3.4	0.4	0.7	−0.5
09	−1.5	0.2	−5.5	−1.4	0.9	−2.5
10	−0.8	−0.3	−10.1	−1.1	−9.6	−1.7
11	−0.3	−0.4	−13.8	0.0	−2.1	−4.0
12	0.0	0.1	−8.8	0.0	0.3	−1.6
13	0.5	−0.1	−6.9	0.5	0.5	−1.0
14	3.4	3.8	6.3	2.0	1.9	3.7

(注) 年平均値.「総合」は持家の帰属家賃を除く.
(出所) 総務省『消費者物価指数年報』より.

表 2-12　東京都区部品目別小売価格の推移

（単位：円）

年（平均）	しょう油（1*l* 入）	豆腐（100g）	緑茶（100g）	電気冷蔵庫	ワンピース（春夏物）	男子ズボン（秋冬物）	灯油（18*l*）
1994	326	33	606	179,970	18,660	12,110	1,102
96	323	33	604	222,020	18,810	13,040	1,074
98	318	35	641	192,690	17,860	13,700	1,076
2000	307	34	641	157,060	19,830	12,960	1,055
02	300	32	650	167,790	16,380	13,230	1,059
04	277	33	655	163,620	12,550	12,660	1,109
06	266	34	641	158,380	15,360	10,750	1,644
08	274	34	630	148,559	12,129	9,188	1,667
10	270	32	616	144,532	8,937	8,718	1,443
12	254	28	610	128,237	7,482	8,031	1,714
14	257	27	582	162,877	8,174	8,537	1,929
減少額	−69	−6	−24	−17,093	−10,486	−3,573	827
減少率	−21.2	−18.2	−4.0	−9.5	−56.2	−29.5	75.0

（注）　減少額と減少率は，1994 年と 2014 年の比較.
（出所）　総務省『小売物価統計調査』より作成.

している。下落率でみると、約五六％下落しており、この表の中では、最大の下落項目となっている。中国、ベトナムなど、安く生産できるアジア製品の逆輸入が大きな要因となっている。しかし、電気冷蔵庫と同様に、円相場の影響を受けており、一四年にはやや上昇している。男子ズボンも、二〇〇〇年頃からほぼ連続して低下し、右の期間に約三〇％低下した。これも、外為相場の影響を受けており、一四年にはやや上昇となった。要するに、これらの商品については、安価な海外製品の輸入と円相場の影響を受けて、価格が顕著に下落していることが認められる。

一方で、国内で生産するしょう油（一リットル入り）も、九六年から一三年までほぼ値下がり傾向にある。九四年に三二六円であったが、一四年には二五七円まで下がり、平成デフレの期間に約二一％下落した。同じく大豆を原料とする豆腐は、それほど下落していないが、それでもこの期間に約一八％下落した。また、国内生産の割合が多い緑茶（煎茶）も、二〇〇〇年以降は、下落した年が多く、同期間に四％の下落となった。

他方、灯油は、円高が続いても、下落する年は少なく、傾向的に上昇している（シェールガスの影響を受けたごく最近の動きを除く）。灯油（一八リットル）は、九四年に一一〇二円であったが、一四年には一九二九円と、八二七円値上がりし、七五％上昇した。

全体としてみると、日本国内の消費の低迷の影響を受けて、国内生産品の価格や娯楽教養関連等の価格が低下したことが主因となって、消費者物価（総合）が下落し続けている。すなわち、平成デフレは、国内商品・サービスの価格低下を主因として発生し、持続していると判断できる。

これに対して、そうではないという反論がある。野口悠紀雄教授は次のように述べている。「工業製品の価格下落は、九〇年代後半から、中国を中心とする新興国が工業化し、安価な労働力を用いて製造した安価な工業製品が世界市場に溢れるようになったからである」。しかし、「サービスの多くは貿易ができず、価格は主として国内要因で決まる」。したがって、「『日本経済が全体として需要不足に落ち込んでおり、それが消費者物価を押し下げた』という見解は誤りである」(23)。

だが、このような主張は事実に反している。右にみたように、家電製品や繊維製品など、新興国で生産されるようになった製品の価格低下が顕著であることは事実である。しかしながら、国内で消費される商品やサービスは多種多様であり、家電製品や繊維製品などの価格下落の影響は、消費者物価全体の動きからみれば、それほど大きくない。たとえば、冷蔵庫やエアコンは一〇年、あるいはそれ以上にわたって使用でき、たまにしか購入する必要がない。そのため、一か月当たりの支出額としてはそれほど大きくない。

ところが、農産物・肉・魚など食料は、生活するために、日常的に消費しなければならないので、一か月当たりの支出金額が大きい。実際に、中分類の「食料」は総合物価指数のうち、三〇％程度のウエイトを占めている。また、生活に欠かせない「住居」も二〇％と大きな割合を占めている。「教養娯楽」は約一〇％のウエイトとなっている。これに対して、工業製品との関連が強い「家具・家事用品」はわずかに四％程度（そのうち「家庭用耐久財」は一％近傍）にすぎない。「被服及び履物」も七％ほどにすぎない。

さらに、輸入価格との関連では、日本は石油・ガスなど化石燃料をほとんど輸入しており、これらの価格が上昇することが多いので、工業製品の輸入価格がある程度下落しても、化石燃料の値上がりのために、輸入価格そのものが上昇する年も少なくない。

以上のことから、新興国からの安価な工業製品の輸入の増加によって、今日のデフレが続いているという根拠はまったく見当たらない。

地方百貨店の凋落

平成不況において、低価格販売が優勢となり、スーパーが勝利した。逆に、高価格の買回り品を中心とする百貨店が窮地に陥った。各地の経済を調査した際に、時々デパートに立ち寄った。すると、客もまばらで、エスカレーターの音だけが、カタカタと音を立てているデパートが少なくなかった。それもそのはずで、百貨店の売上は平成不況下で連続して減少しており、一九九〇年から二〇一二年の間に、年間売上が約五兆円も減少している。そのため、同期間に、事業所も約一二〇が閉鎖されてしまった(24)。

かつて買い物客で賑わった多くのデパートが撤退や閉鎖を余儀なくされた。そのいくつかについて、みておこう。小樽市では、商店街再開発の目玉事業として誘致した「丸井今井」(本店・札幌市)が二〇〇五年に閉鎖に追い込まれた。同時に、苫小牧店なども閉鎖された。そして、〇九年には、ついに「北の雄」とも呼ばれた札幌本店も経営破綻となった。

二〇〇〇年には、大手百貨店そごうが経営破綻し、札幌、長野、奈良など、全国で十数店舗が閉鎖された。新潟市では、二〇一〇年に大和《だいわ》百貨店新潟店(本店・金沢市)が閉鎖された。

和歌山市では、「ぶらくり丁」(中心商店街)の入り口で栄えた丸正《まるしょう》百貨店が〇一年に倒産した。住民の一人が、丸正に連れて行ってもらって買い物することは子どもの頃の誇りだったと、懐かしそうに語っていた。同市では、一四年にも高島屋和歌山店が閉店となった。

高松市では、丸亀商店街からやや離れ、近年衰退が目立つ一角にあった高松天満屋《てんまや》(本店・岡山市）が一四年に閉鎖された。長崎市では、一一年に浜の町商店街（中心商店街）にあった長崎大丸が、鹿児島では、二〇〇九年に天文館（中心街の名称）にあった鹿児島三越が、沖縄では、九九年に沖縄山形屋《やまかたや》が閉鎖された。

もっとも、地方デパートでも、大和金沢市本店や天満屋岡山市本店など、元気なデパートはある。たとえば、鹿児島市では、山形屋が元気である。地元では、まだ山形屋の包装紙に包まれた贈答品が好まれている。しかし、イオンやＪＲの駅デパ（「アミュプラザ」）などに押され、客足はとても往時には及ばない。

他方で、スーパーは、事業所を増やし、売り上げを伸ばしている。九〇年から一二年の間に、年間売上が約三・五兆円増加している。周知のように、イオンやイトーヨーカ堂などの巨大店舗は、日曜祝日には家族連れなどで混雑している。平成デフレの時代は、低価格の大型スーパーの時代となった。

民間需要の二大要素をなす個人消費と企業の設備投資が傾向的に縮小し、諸商品が十分に供給される状況において、消費者物価を押し下げる圧力が継続的に作用している。勤労者世帯の収入が傾向的に低下するなかで、消費者が消費を減らし、企業側が価格を引き下げ、それが悪循環となって、平成デフレを長引かせている。

時の政権の通貨政策の失敗、日銀の金融政策の失敗（八〇年代後半～一二年度末以前）、さらには商業政策上の行き過ぎた規制緩和が、戦後日本の経済構造を破壊し、日本経済（特に、地方経済）を疲弊させている。平成デフレは、このことを、声なき声で語っている。わずかな体温の低下（わずかな物価の下落）が続いているだけだから心配は要らないとして、現状を放置しておけば、日本は本当に衰弱した小国となるであろう。

なお、平成不況、平成デフレにおいては、貧困層が著しく増大し、一九九五年度に六〇万世帯であった生活保護を受けている世帯が二〇一一年度には約一五〇万世帯に激増した。

注

(1) 浜田宏一『アメリカは日本経済の復活を知っている』講談社、二〇一三年、九三頁。
(2) 『朝日新聞』一九九三年一〇月九日付夕刊。
(3) 同右、一九九五年四月一一日付夕刊。
(4) 同右、一九九八年二月一九日付。
(5) 同右、一九九九年七月三日付、および同年五月二六日付。
(6) 同右、二〇〇二年四月二一日付。
(7) 同右、二〇〇三年九月五日付。
(8) 富澤拓志「分工場依存型地域産業の課題」『地域総合研究』第三七巻第二号、二九～三一頁。
(9) 『朝日新聞』二〇〇九年五月一八日付、および同年五月二七日付。
(10) 『日本経済新聞』二〇〇九年四月一八日付。
(11) 『朝日新聞』二〇〇九年五月一八日付。
(12) 同右、二〇一二年六月一日、および同年一〇月二〇日付。

(13)『日本経済新聞』二〇一二年九月三日付。
(14)宮城県国際経済課調べ。
(15)長野県調べ。
(16)静岡県経済産業部「平成二六年度静岡県内企業海外展開状況調査報告書」参照。
(17)岡山県産業労働部・ジェトロ岡山貿易情報センター・岡山県国際経済交流協会「岡山県企業の海外事業展開状況調査報告書」二〇一五年五月参照。
(18)篠原三代平「ドル危機に日本はどう対応すべきか」『エコノミスト』一九八七年六月二日号、三一頁。
(19)衣川恵『地方都市中心市街地の再生』日本評論社、二〇一一年。
(20)内閣府『経済財政白書』二〇〇三年版、九六頁。
(21)同右書、二〇〇九年版、二六頁。
(22)中小企業庁『中小企業白書』二〇〇三年版、三〇頁。
(23)野口悠紀雄『金融緩和で日本は破綻する』ダイヤモンド社、二〇一三年、一〇九頁。
(24)総務省『日本統計年鑑』参照。

第3章
松方デフレと昭和デフレ

本章では、松方デフレと昭和デフレについて検討し、故《ふる》きを温《たず》ねることとする。また、今日とも関連があるので、明治・大正・昭和初期の金融経済の歴史を振り返る。この時期は、劇的なドラマが展開された。

明治政府は、日本の近代化と同時に、近代的貨幣制度を整えようとした。しかし、それには、紆余曲折が待っていた。

大正から昭和初期にかけては、第一次世界大戦下での好景気と、終戦にともなう反動恐慌の時代であった。突如、関東地方を大地震が襲い、企業や銀行の経営が悪化し、昭和金融恐慌が発生した。

次いで、世界大恐慌の最中に金解禁が実施され、昭和恐慌と昭和デフレが発生した。金解禁は急いで実施すべきものではなかったが、浜口首相と井上蔵相は、執念に取り付かれたかのように、大恐慌の最中に断行した。都市や農村で飢える人々が激増した。ヨーロッパもきな臭い時代であったが、日本でも軍部が台頭し、日本国民は悲惨な戦争に巻き込まれていった。

一　近代的貨幣制度の確立と松方デフレ

金銀複本位制の誕生

まず、日本の近代的な貨幣制度がどのようにして誕生したのかという点についてふれておきたい。一八七一（明治四）年六月、明治政府は新貨条例を布告し、日本の貨幣を両から円に切り替えた。一ドル金貨と同様に、純金一・五グラム（四分）を含有する金貨を一円とする金本位制を採用した。そのため、円が誕生したとき、一円は一ドルであった。また、一両にも、一・五グラムの純金が含まれていたために、一円は一両に相当した。すなわち、一両＝一円＝一ドルという関係が成立した。

明治政府は、当初、イギリス側の勧めなどもあって、銀本位制度の採用を考えていた。当時、東アジアでは広くメキシコ・ドル（銀貨）が貿易決済用の貨幣として流通しており、また大量の銀を保有していたイギリスは銀の需要を増大させてその価値を高めようと目論んでいた。ところが、アメリカで財政問題を調査していた伊藤博文の提案もあって、欧米に並ぶ金本位制度を採用した。しかし同時に、明治政府は、貿易用の貨幣として貿易銀も発行した。この貿易銀の裏面には、龍のデザインが施され、ONE　YENと刻印されている。龍がデザインされ、圓（円）の呼び方を「EN」ではなく、「YEN」（中国語の発音「YUAN」（ユエン）に近い）としたのは、東シナ海一円で貿易銀が広く使用され、メキシコ銀を駆逐することを企図したためだという説がある（ちなみに、現在の中国の通貨「元」は圓と発音が等しい代用字であり、［YUAN］と発音する。ゆえに、中国でも、値札に¥の印が付けられることがある)。

ところで、円を米ドルと等価とする金本位制を採用したことは、明治の日本にとってはかなりの背伸びであった。七二年に、政府は国立銀行を設立するため、国立銀行条例を公布した。この国立銀行とは、国有の銀行ではなく、アメリカのナショナル・バンクを模したもので、民間資本の発券銀行である。七三年に国立銀行条例が施行され、国立銀行は金兌換を行ったが、金がたちまち国立銀行から流出してしまい、七六年の国立銀行条例の改正によって、国立銀行券は政府紙幣との兌換だけを認めることとなった。ところが、政府紙幣は不換紙幣（金または正貨と交換できない紙幣）であったため、国立銀行券は不換紙幣となってしまった。国立銀行は兌換から解放され、七六年以前に四行であったものが、七九年末までに一五三行が設立された。そして、不換紙幣が大量に出回った。その折、七七年に西南戦争が勃発し、戦費調達のために政府紙幣が増発され、七〇年代末にはインフレーションが激化した。紙幣と銀貨との価値の開きは、ますます大きくなっていった。

一八八一（明治一四）年一〇月、松方正義大蔵卿が就任した。松方大蔵卿は、大量に出回っている紙幣の整理を進め、八二年、外国に倣って中央銀行としての日本銀行を設立した（ベルギー国立銀行をモデルとした）。ところが、流通している紙幣量が多すぎて、金の兌換はもちろんのこと、銀の兌換も不可能であった。八三年六月、国立銀行条例を改正し、国立銀行から紙幣発行権を剥奪した。また、設立二〇年後には民間の普通銀行に移行するか、閉鎖するかを選択させた。その上で、八四年五月、兌換銀行券条例を公布し、日本銀行が銀貨と兌換する二〇〇円券以下七種類の銀行券を発行できるようにした。このような準備をした上で、八五年五月に、最初の日本銀行兌換券、その一〇円札が発行された。その表面には、福富の神とされる大黒天の像と「この券引かへに銀貨拾圓相渡可申候也《あいわたしもうすべくそうろうなり》」の一文が印刷されている。「大黒様のお札」として親しまれ、通貨制度の安定に貢献した。かくして、法制上は金銀複本位制をとりながら、事実上は銀本位制を実施することとなった。

松方デフレ

松方大蔵卿は、円の通貨価値の安定化とそれによる産業の発展を重視していた。大蔵卿に就任すると、大蔵省の次官・各部局長に対して、第一の急務は不換紙幣の弊害を矯正することである旨を訓示した。当時、国内では、政府紙幣や国立銀行紙幣が大量に流通していた。そのため、貿易決済に使われる銀貨の価値に対して紙幣の価値が著しく減価していた（銀紙格差）。

一八八一（明治一四）年度予算（大隈重信大蔵卿の在任中）から、国家財政の歳出を抑制し、歳入を増加させることによって財政の黒字化を図り、その余剰によって不換紙幣を吸収・消却するという施策が実施されていた。松方大蔵卿は、この施策をさらに厳しく推し進めた。たとえば、八二年度には、一般会計の歳出は七一四六万円であったが、約八五三万円の黒字をつくり出した。こうして、八一年度～八五年度の間に約四〇一一万円の歳入余剰をつくり出し、一三六四万円の紙幣を消却した。なお、八四年以降は、紙幣残高が著しく減少して、銀紙格差がわずかになったため、紙幣消却を中止した(1)。

このように、松方財政は、国家財政を大幅黒字にする超均衡財政であった。また、この緊縮財政は軍事費を増額させるなかで行われたために、国民生活に関連する支出が削減されたうえに、増税が国民の肩にのしかかるという過酷なものであった。

一八八一年から、政府紙幣を中心に整理が進められ、政府紙幣残高は八〇年末の一億二四九四万円から八五年末には八八三五万円と、三六五九万円（約二九％）の減少となった。その結果、紙幣流通量も、八〇年末の一億五九三七万円から八五年末には一億二二一六万円に減少した。八五年に日本銀行券が発行されたが、国立銀行券の消却が行われており、全体として、紙幣流通量は三七二一万円（約二三％）の減少となった（表3-1）。通貨供給量（マネーサプライ）としては、補助貨幣や預金通貨も考慮に入れる必要があるが、これらが顕著に増加したとは考えられないので、右の五年間に通貨供給量が二割程度減少したと考えてよいであろう（補助貨幣は微増）。

政府が通貨流通量を削減した結果、通貨価値が回復し、物価が下落した。このデフレは、松方デフレと呼ばれている。大川一司教授らの推計によれば、消費者物価が八二年から八八年まで七年間にわたって下落を続けている。しかし、消費者物価の統計が整備されていないため、正確な判断は難しい。東京卸売相場における米価（玄米（中））。「貨幣制度調査会調査」）をみると、八二年～八七年（八五年を除く）まで下落した。さらに、『明治以降本邦主要経済統計』によれば、卸売物価指

表 3-1　松方デフレ前後の通貨と物価の推移

（単位：万円，%）

年	政府紙幣 (a)	国立銀行券 (b)	日本銀行券 (c)	紙幣流通量 (a＋b＋c)	消費者物価上昇率	米価(東京卸売)上昇率
1880	12,494	3,443		15,937	14.8	32.9
81	11,891	3,440		15,331	10.4	0.2
82	10,937	3,439		14,376	−7.4	−16.8
83	9,800	3,428		13,228	−16.6	−28.4
84	9,338	3,102		12,440	−4.6	−16.2
85	8,835	3,016	365	12,216	−0.7	25.0
86	6,780	2,950	3,903	13,633	−8.5	−9.4
87	5,582	2,860	3,524	11,966	−0.5	−17.5
88	4,673	2,768	6,300	13,741	−2.8	1.7
89	4,091	2,674	7,430	14,195	5.5	19.2

（注）　紙幣，銀行券は年末残高.
（出所）　消費者物価は大川一司編著『物価』東洋経済新報社，米価は総務庁『日本長期統計総覧』第4巻，それ以外は日本銀行『明治以降本邦主要経済統計』.

数は一八八二〜八四年の三年間下落している（原資料は朝日新聞社『日本経済統計総観』一九三〇年）。

以上のことから、松方デフレは、長くみれば、八二年から八八年までの七年間、短く見積もっても八二年から八四年の三年間は厳しいデフレが続いたと言うことができる。

一八八五年五月に日本銀行券が発行されるまで、日本には中央銀行券が存在しなかった。六八年（明治元年）から八五年四月までの期間のうち、七三年の国立銀行設立前は政府紙幣、それ以降は政府紙幣と国立銀行券が通貨の中心であった。そして、政府は、事実上、兌換に応じることができなかった（国立銀行も同様）。したがって、八五年四月までの明治期は、実質的に「管理なき不換紙幣制」であった。

松方大蔵卿は、このような不完全な貨幣制度を、中央銀行中心の近代的貨幣制度に統一し、殖産興業の基盤を築こうとした。したがって、松方デフレは、明治政府の経済近代化政策そのものから生じたデフレであり、経済の内実から発現したデフレではなかった。

松方デフレでは、工業製品に比べて農産物の下落が大きく、農民を窮乏させていった。明治維新によって、農民は身分制から解放されたが、松方デフレによって農地を失って小作農となる者が増加し、農民層の分解が進行した。

金本位制の確立と産業の発展

日本の近代的貨幣制度の構築は、新貨条例を定めた明治政府の要人が考えたほど甘くはなかった。右にみたように、明治政府は、国内においては、まだ生まれたばかりの小規模経済の現実に直面し、他方では士族ら封建勢力と闘いつつ、近代的な政治・経済体制を構築していかねばならなかった。また、対外的には、欧米列強とさまざまな面で伍していかなければならないうえ、ロシアの南下政策とも戦う必要に迫られた。

しかし、松方正義大蔵卿によって、中央銀行を中心とする銀行システムを作り上げ、中央銀行が統括する兌換制のシステムを構築することができた。課題は、兌換に耐えうる金量をいかにして準備するかということであった。

このような折、一八九五年四月に日清戦争の講和条約である下関条約が調印された。この条約によって、日本は清国から二億両（円換算で約三・六億円）の賠償金などを得た。この賠償金は、金と結びついた英ポンドでロンドンにおいて分割で受領することとなった。賠償金は臨時軍事費特別会計等に繰り入れられるなどしたが、金本位制への移行に影響を与えた。九七年三月に「貨幣法」が公布され、純金二分（〇・七五グラム）を一円とする金本位制に移行した。すなわち、純粋な金本位制としては、日本の金本位制は一八九七年に確立したということになる。しかし、一円に含まれる純金が二分であるということは、「新貨条例」で定められた金の含有量の半分である。このことは、米ドルに合わせた純金含有量でもって円を誕生させたことがかなり無理な選択であったことを示している。この時点で、一ドル＝一円ではなく、一ドル＝二円に円相場が下落したことになる。いずれにしても、明治政府は、相当の紆余曲折を経ながら、また賠償金という外的要因に助けられつつ、なんとか欧米並みの金本位制を実現したと言うことができる。このことによって、経済が安定し、成長へと向かっていくことができた。

政治の面では、一八八九年二月に大日本帝国憲法が発布され、明治天皇中心であり、さまざまな制約があるとはいえ、議会制度の基礎ができた。このようななかで、満州や朝鮮を巡って日露の対立が激化して、一九〇四年に日露戦争が勃発し、アジアの小国である日本が大国ロシアと戦って、事実上の勝利を収めた。このような出来事の後、一一年二月に日米新通商航海条約が調印される運びとなり、日本は関税自主権などを取り戻した。この時点で、日本は不平等条約から解放され、外交において、形の上では、欧米列強と並んだ。

経済面では、明治という時代は、封建制経済からの離脱と資本主義の確立を目指した時代であった。欧米列強と同様に、中央銀行制度が整えられ、民間銀行が多数設立されるようになり、民間企業に資金を供給できるようになった。しかし、民間銀行は経営面で多くの問題を抱えていた。結局、それが後の昭和金融恐慌の根因となる。

一八八〇年代には、官業の払下げが実施され、民間資本が台頭するようになった。九〇年に日本最初の経済恐慌を経験した後、さまざまな分野で会社設立の勢いが増した。一九〇一年には、官営八幡製鉄所が建設され、鉄鋼を中心とする近代的機械工業発展の素地が築かれた。また、明治政府の御用達を務めていた政商（商人資本）が官業払下げによって産業資本として生産部門で事業を拡大させ、財閥を形成した。財閥は、大銀行を有しており、第一次大戦の景気拡大期に事業を拡大させ、二〇年代の不況期に苦境に陥った企業を多数吸収し、次第に重化学工業の分野にも進出していった。こうして、一九四〇年頃には、重化学工業が優位を占めるに至った。

二　反動恐慌と昭和金融恐慌

戦争景気と反動恐慌

一九一四（大正三）年七月に第一次世界大戦が勃発すると、連合国から軍需品や食料品などの注文が殺到したほか、それまで欧州諸国が押さえていた中国や東南アジア諸国の市場を日本企業がほ

表3-2 円相場と貿易収支の推移

（単位：円，億円）

年	円相場	輸出	輸入	収支	年	円相場	輸出	輸入	収支
1914	2.03	5.9	6.0	−0.1	1925	2.45	23.1	25.7	−2.6
15	2.05	7.1	5.3	1.8	26	2.13	20.4	23.8	−3.4
16	2.00	11.3	7.6	3.7	27	2.11	19.9	21.8	−1.9
17	1.98	16.0	10.4	5.6	28	2.15	19.7	22.0	−2.3
18	1.95	19.6	16.7	2.9	29	2.17	21.5	22.2	−0.7
19	1.97	21.0	21.7	−0.7	30	2.03	14.7	15.5	−0.8
20	2.01	19.5	23.4	−3.9	31	2.05	11.5	12.4	−0.9
21	2.08	12.5	16.1	−3.6	32	3.56	14.1	14.3	−0.2
22	2.09	16.4	18.9	−2.5	33	3.96	18.6	19.2	−0.6
23	2.05	14.5	19.8	−5.3	34	3.39	21.7	22.8	−1.1
24	2.38	18.1	24.5	−6.4	35	3.50	25.0	24.7	0.3

（注） 1. 円相場はニューヨーク向け相場で，対ドルレートの年中平均値.
2. 輸出，輸入，収支は商品（財貨）の貿易の金額.
（出所） 円相場は日本銀行『日本銀行百年史』資料編，貿易統計は同『明治以降本邦主要経済統計』より作成.

ぽ独占する状況となった。アメリカも好景気に沸いており、生糸の輸出が伸びた。一九年には輸出額が一四年の三倍以上に伸びて、二一億円となっている。その結果、一五〜一八年には、貿易収支が黒字となった（表3-2）。

粗国民所得（GNP。粗国民支出に等しい）が一五年から増大し、一六年に約二三％、一七年に約四〇％という急成長となった（大川推計による）。一八年と一九年も二〇％台の急成長が続いた（表3-3）。個人消費支出も、一六年に約一五％の増大となり、一七年三〇％、一八年四三％、一九年約四五％と激増した。その結果、消費者物価が一六年から上がり始め、一七年二五％、一八年三七％、一九年約三五％と激しいインフレーションが発生した。

投機熱が強まり、一八年半ばから、生糸・米・土地の価格が暴騰した。そのため、一八年

表3-3　粗国民所得の推移

（単位：百万円，％）

年	粗国民支出	前年比	個人消費支出	前年比	消費者物価指数	前年比
1914	4,738	−5.5	3,595	−8.3	63.17	−7.6
15	4,991	5.3	3,616	0.6	58.62	−7.2
16	6,148	23.2	4,147	14.7	63.82	8.9
17	8,592	39.8	5,416	30.6	79.97	25.3
18	11,839	37.8	7,756	43.2	109.85	37.4
19	15,453	30.5	11,302	45.7	148.17	34.9
20	15,896	2.9	11,326	0.2	155.09	4.7
21	14,886	−6.4	11,171	−1.4	139.02	−10.4
22	15,573	4.6	11,590	3.8	136.07	−2.1
23	14,924	−4.2	11,796	1.8	136.58	0.4
24	15,576	4.4	12,149	3.0	136.90	0.2
25	16,265	4.4	12,740	4.9	137.33	0.3
26	15,975	−1.8	12,359	−3.0	128.90	−6.1
27	16,263	1.8	12,141	−1.8	125.95	−2.3
28	16,506	1.5	12,210	0.6	120.35	−4.4
29	16,286	−1.3	11,782	−3.5	117.26	−2.6
30	14,671	−9.9	10,850	−7.9	103.71	−11.6
31	13,309	−9.3	9,754	−10.1	90.15	−13.1
32	13,660	2.6	9,804	0.5	91.55	1.6
33	15,347	12.3	10,850	10.7	95.05	3.8
34	16,966	10.5	12,097	11.5	96.88	1.9
35	18,298	7.9	12,668	4.7	100.12	3.3

（注）　消費者物価指数は家賃を除く．1934～36年＝100.

（出所）　大川一司ほか編著『国民所得』（長期経済統計1）東洋経済新報社，同編著『物価』（長期経済統計8）東洋経済新報社.

夏には、米騒動が発生した。七月二日に富山県魚津町の漁民婦人たちが県外移出米の積込みに反対したことがきっかけとなって、県下で米価引下げの運動が広がった。八月には、暴動が全国各地で起きて、米屋や派出者などが襲撃された。政府は、警察だけでなく軍隊も出動させて、九月には一応鎮圧し、同年一一月半ばまでに約七〇〇〇〇人が起訴された。大戦末期には、すでに庶民の生活は困窮していた。

このような状況下で、一一月には、ドイツが連合国に降伏して第一次大戦が終結した。翌二〇（大正九）年三月一五日に株式市場が暴落した。東京株式市場では、たとえば、日本郵船の株価は三月一日に二二八・一〇円であったが、三月一五日には一九二・一〇円となり、約一六％下落した。鐘淵紡績は、同期間に五六三円から四七〇円へと、約一七％の下げとなった。こうして、反動恐慌（戦後恐慌）が始まった。

四月七日には、大阪の増田ビルブローカー銀行が破綻し、大阪株式市場は大混乱となり、後場の立会を緊急停止した。東京市場その他市場も停止に至り、一三日まで再開できなかった。四月から七月にかけて取付にあった銀行は六七行（支店数では一〇二支店）に上り、二一行が破綻を余儀なくされた。

株価の暴落とともに、商品市況も崩落した。綿糸市場、生糸市場、米穀市場の立会が停止に陥った。消費者価格の崩落が財界に大きな打撃を与えた。思惑《おもわく》取引を行っていた生糸貿易業者の茂木商店（横浜）が甚大な損害を被ったという報道によって、茂木が頭取を兼任していた第七十四銀行

（横浜）が支払い停止に陥って破綻した。第七十四銀行は大銀行であった。この影響が神奈川県下だけでなく、京都や大阪方面にも波及した(2)。

当時は、銀行設立に必要な最低資本金額も定められておらず、重役兼任に関する規制がなく、零細銀行の多くは特定企業を主な取引先とする機関銀行化の傾向が強かった。端的に言うと、特定企業が関連の銀行を財布代わりに使っていた側面があった。

二〇年の反動恐慌では、名目GNP（粗国民所得）成長率が、同年に二・九％に落ち込み、二一年にマイナス六・四％に低下した（表3-3）。個人消費支出も二一年にはマイナス一・四％に下落した。しかし、二二年にはGDPが四・六％の成長となり、景気が回復している。反動恐慌は短期で終わった。それだけに、戦時下で投機的に活動した企業の整理は十分に行われず、後を引くこととなった。

しかし、二三年九月一日に、相模湾を震源とするマグニチュード七・九の関東大震災が発生し、茨城から静岡にかけて甚大な被害が出た。死者が約一〇万五〇〇〇人、全壊・全焼・流出家屋は二九万三〇〇〇棟を超えた（内閣府）。道路・鉄道等のインフラが破壊され、東京・神奈川を中心に経済機能が麻痺した。大量の手形が決済不能となり、その再割引を行うため、九月二七日に震災手形割引損失補償令が公布された。被割引銀行は九六行に及び、震災とは関係なく経営に行き詰まった企業の悪用もあった。その代表が戦争景気に乗って事業を拡大した鈴木商店であった。鈴木商店に関係の深かった台湾銀行（台銀）は震災後には、鈴木商店への貸出が全貸出の過半に及んでおり、鈴木商店に投機資金を提供するなど乱脈経営がなされていた。また、渡辺一族によって経営される東京渡辺銀行も、渡辺一族の関連企業に七割を超える融資を行っていた（整理時）。これらの企業は、戦争中の投資が回収困難となって、経営が悪化していた。

昭和金融恐慌の勃発

このような状況において、一九二七年一月、若槻《わかつき》礼次郎内閣は、金輸出解禁（金解禁）の環境を整備するための一環として、震災手形損失補償公債法と震災手形善後処理法の二法案を議会に提出した。これらの法案の審議において、一部の企業や銀行を優遇するものであるという批判が出され、議会が紛糾した。

三月一四日、衆議院予算委員会において、片岡直温《なおはる》大蔵大臣が、資金繰りが悪化した東京渡辺銀行について、「本日昼頃渡辺銀行が破綻しました」という誤った報告を行った。この失言によって、東京渡辺銀行と子会社のあかぢ貯蓄銀行で取付が発生し、両行は翌一五日に休業に追い込まれた。こうして、昭和金融恐慌が発生した。

一九日に中井銀行（東京）が休業し、二二日には久喜（埼玉）、村井、中沢、八十四銀行（以上三行は東京）、左右田銀行（横浜）、山城銀行（京都）が休業した（表3-4）。急遽、日銀は三井・三菱などの有力銀行の代表を招致し、片岡蔵相らの臨席のもと、財界の安定を図ることを申し合わせた。そして、蔵相と日銀総裁が声明を発表した。片岡蔵相は、前日にも第一次声明を出したが、

表3-4　1927年に休業した銀行

（単位：万円）

月・日	銀行名	本店	振込資本金	月・日	銀行名	本店	振込資本金
1月24日	今治商業	今治市	250	3月15日	栗太	滋賀県	80
1月31日	深谷商業	埼玉県	30	3月18日	近江	大阪市	937
2月14日	広部	東京市	10	3月19日	蒲生*	滋賀県	67
2月23日	徳島	徳島市	70	〃	泉陽	大阪府	70
〃	徳島貯蓄	〃	12	〃	盧品	広島県	34
3月8日	丹後共立	京都府	7	3月20日	門司	門司市	28
〃	丹後商工*	〃	98	〃	西江原	岡山県	40
3月15日	東京渡辺	東京市	200	〃	広島産業	広島市	100
〃	あかぢ貯蓄	〃	20	3月21日	十五	東京市	4,975
3月19日	中井	〃	500	〃	泰昌	〃	200
3月22日	久喜	埼玉県	16	4月21日	武田割引	〃	38
〃	村井	東京市	512	〃	明石商工	明石市	23
〃	左右田	横浜市	250	4月23日	鹿野	山口県	7
〃	中沢	東京市	125	4月25日	若狭*	福井県	31
〃	八十四	〃	230	〃	河泉	大阪府	25
〃	山城	京都市	32	〃	魚住*	兵庫県	18
3月23日	桑船	京都府	13	5月16日	相知*	佐賀県	23
〃	浅沼	大垣市	26	6月9日	鹿児島勧倹*	鹿児島市	62
3月24日	添田	福岡県	10	8月13日	福島商業	福島市	107
3月31日	東葛	千葉県	40	8月15日	能登産業	石川県	99
4月8日	第六十五	神戸市	625	9月5日	玉島商業	岡山県	10
4月13日	鞍手	福岡県	100	〃	宝珠花	埼玉県	8

（注）　*は開業予定前に休業したもの．休業銀行数は合計44行（台湾銀行を除く）．
（出所）　日本銀行『日本金融史資料昭和編』第24巻81～82頁より作成．

この第二次声明では次のように訴えた。

「政府は今後財界安定のためには責任を以って十分努力する決意にして、日本銀行もまた政府とその決心を同じくするを以って、民間に於いてもよくこの事態を了解し流言蜚語に惑わさるることなく、慎重の態度を以ってともにともに財界の安定に努力せんことを切望してやまず」。

しかし、その後も、各地で銀行の休業が続いた。二七年一月～九月の期間に、台湾銀行の休業を除いて、四四行が休業となった。休業は、全国各地に及んでいるが、振込資本金一〇〇万円未満の銀行が三〇行あり、全体の七割近くを占めている。このことから、昭和金融恐慌の特徴として、脆弱な銀行の整理という性格が見て取れる。

震災手形処理法案の審議過程で、台銀と鈴木商店との癒着関係が明確になり、都市銀行が台銀からコールを引き揚げ始め、台銀の信用がますます低下していった。三月二七日、台銀が鈴木商店への新規貸出を停止すると通告するや、鈴木系事業会社の手形を多く所有している他の銀行からのコールの引き揚げが行われ、信用不安が増大した。

政府は、南方方面の金融の拠点として設立した台銀を救済しようとして、日銀に緊急融資を要請した。しかし、日銀はこれを拒否するとともに、融資の条件として、台銀への融資で損失が出た場合には二億円を限度に補償する内容の台銀救済のための枢密院の緊急勅令を求めた。政府は、枢密院にこの緊急勅令案を諮ったが、枢密院はこれを否決してしまった。

一八日に、台湾銀行と近江銀行が休業に追い込まれ、これを危機として全国的な取付騒ぎが起きて、預金が大量に引き出され、多くの銀行が支払に窮する事態となった。一九日には、滋賀、大阪、広島の三行、二〇日には、山口、岡山、広島の三行が支払停止に陥った。二一日、東京で宮内省の公金を扱う十五銀行が支払いをできずに休業した。当時、十五銀行は三井、三菱銀行に匹敵する大銀行であったが、合併により松方系事業会社の機関銀行化が進んでおり、乱脈経営が行われていた。

当銀行は結局破綻し、松方家の当主松方巌《いわお》が全財産を投げ打って十五銀行の処理に当たった。松方正義が世を去って、わずか四年後のことであった。『東京朝日新聞』は、「松方一門、富も名誉も一朝の夢」と報じた（一九二七年一一月三〇日付）。一一月末、十五銀行は全国六〇〇名の行員に対して、事実上の解雇を通知した。

こうして、全国各地で銀行の取付騒ぎが発生し、日銀が大量の緊急貸出を行ったが、取付は容易に収まらなかった。憲政会内閣は責任を取って、解散した。

モラトリアムによる金融恐慌の収拾

四月二二日、政友会（憲政会が改称）の新内閣は支払猶予令（モラトリアム）の緊急勅令を枢密院に諮り、枢密院が即日可決したため、即日実施となった。この支払猶予令は、私法上の金銭債務の支払いを延期する内容であり、期間は施行日より三週間（五月一二日まで）であった。また、モラトリアム実施の二二日と二三日は、混乱を避けるため、全国の銀行が臨時に休業した。

新内閣は、昭和金融恐慌の収拾策を迫られ、モラトリアム期間内の五月九日、「日本銀行特融及び損失補償法」を発布し、即日実施した。日銀は、財界安定に必要と認められる支払準備に手形割引の形で極力応じ、日銀には五億円の損失補償が認められた。また同日、「台湾の金融機関に対する資金融資に関する法律」を施行し、台銀に対して手形割引の形で日銀特融（救済のための特別融資）を実施できるようにして、二億円の損失補償を付けた。台湾銀行は、これにより存続が可能となった。

三週間のモラトリアムは、日本経済を半ば麻痺させたが、昭和金融恐慌はこれにより一応の終息をみた。片岡失言からモラトリアム実施までの一か月余りの期間に、二七の銀行が休業に追い込まれた。また、その後も、九月上旬まで、銀行の休業が断続的は発生し、合計一〇行が休業した。その結果、二七年中に休業した銀行は合計四四行に上った（表3‐4参照）。

銀行法による整理

昭和金融恐慌の以前から、当時の金融界は動揺していた。『日本銀行百年史』は次のように指摘している。一九二六（昭和元）年末に一四二〇の普通銀行が存在し、その七割弱が資本金一〇〇万円以下であった。慢性的不況のなかで経営の弱体なものが少なくなく、しかも特定企業の「機関銀行」的色彩が濃く、他の事業に直接関係したり、投機に関係したりするといった状況があった。したがって、大正末期から昭和初期にかけては、銀行が突然に休業し、破綻するケースは珍しくなかった。(3)

銀行の体質強化が必要であった。昭和金融恐慌が始まって間もない二七年三月三〇日に銀行法が公布された（二八年一月に施行）。銀行の最低資本金を一〇〇万円と定め、この資格を満たさない銀行を無資格銀行とし、整理することとした。この無資格銀行は単独増資が認められなかった。また、銀行法により、銀行が他の産業を兼営することが禁止され、銀行役員の兼任も禁止された。政

表3-5　普通銀行の異同状況

(単位：行)

年末	消　滅	廃業・解散・破産	合　同	新　設	増　減	銀行数
1925	106	37	69	14	−92	1.537
26	133	46	87	16	−117	1.420
27	148	58	90	11	−137	1.283
28	281	59	222	29	−252	1.031
29	164	54	110	14	−150	881
30	105	26	79	6	−99	782
31	108	52	56	9	−99	683
32	162	102	60	17	−145	538

(出所)　日本銀行『日本銀行百年史』第3巻，217頁.

府は、モラトリアム後には、銀行検査体制を強化し、銀行検査を通じて銀行合同を推奨した。

この結果、銀行数が急激した。一九二六年に一四二〇行であった普通銀行が、二九年末には八八一行、三二年には五三八行に減少した（表3-5）。

昭和金融恐慌を引き起こした背景としては、次の二点を指摘できる。①銀行制度や金融システムの近代化がなされておらず、最低資本金が定められていないほか、兼業や役員兼務が規制されていないなど、銀行経営の健全性が制度として担保されていなかった、②金融問題が政党の政争に利用され、緊急を要する法案が速やかに可決できなかったばかりか、政府が弥縫策を重ねて、銀行の近代化を迅速に実現できなかった、ことである。ちなみに、『中外商業新聞』（『日本経済新聞』の前身）は、「小銀行の内容を改善する、資力の強固な銀行を樹立することはまことに結構なことに違いない。……が、この方針は古いことをいえば、もう二、三十年も前から持ち古しているものなので、最近にいたってはいささかかびが生え出して来たのである」（一九二七年三月二〇日付）。

銀行法は、先述のように、二七年三月三〇日に公布されたが、その法案は、同年二月一四日に衆議院に提出され、翌日には新聞でも報道されている。また、同年二月二四日付『東京日日新聞』は、この銀行法の施行によって、既存の兼業を禁止される銀行が全国で二七行あるとして、それらの銀行名を公表している。同法案は、一部修正され、三月八日に衆議院本会議で可決され、貴族院で審議される運びとなっていた。片岡蔵相の失言以前に、銀行法によってかなりの数の中小銀行が消滅するのではないかという不安が全国で醸成されていたと推測できる。

銀行法施行日に、無資格銀行は六一七行あり、全体の約四八％を占めた。銀行法の公布は、銀行の支払い不能が多発するなか、中小金融機関からの預金の流出を招き、金融恐慌をいっそう激化させたと考えられる。三菱・三井・住友・第一・安田の五大銀行に預金が集まり、二六年末に五大銀行の預金総額は約二二億円であったが、三〇年末には約三二億円となり、約四五％の増加となった。同期間に、五大銀行の全国普通銀行の預金に占める割合が、二四・三％から三六・八％に拡大した(4)。

なお、昭和金融恐慌は、非近代的で、財務内容が悪い銀行が乱立しているもとで、それらの銀行が反動恐慌や関東大震災の影響を受けて、苦境を乗り切れなくなったために、休業を余儀なくされたという特徴がある。経済恐慌としては、その前にすでに大戦後の反動恐慌が生じていた。しかし、景気への影響がまったくなかったわけではなく、製造業の生産が減少した。また、民営工場の雇用者が二七年と二八年には、それぞれ五％前後減少した（表3-6）。二七年には、個人消費支出も二

％近く減少した。

三　金解禁

金解禁の断行

第一次世界大戦前には、主要国の多くが金本位制を採用し、国際金本位制が成立していた。しかし、一九一四年七月に第一次大戦が勃発したため、交戦国は金の輸出または兌換を停止した。日本は直接の交戦国ではなかったが、一七年九月に金輸出を停止した。一八年一一月に大戦が終わったため、アメリカは一九年六月に金輸出を解禁した。

第一次大戦後、世界的に通貨が不安定となり、通貨の安定が戦後処理の大きな課題となった。二二年春にイタリアのジェノア（ジェノバ）で国際経済会議が開催され、参加国の金本位制の再建が決議された。これは参加国を拘束する決議ではなかったが、

表 3-6　民営工場の人員・実収賃金の推移

（単位：％）

	労働人員	前年比	実収賃金	前年比
1926	100.0		100.0	
27	94.8	−5.2	102.1	2.1
28	90.4	−4.6	105.3	3.1
29	91.1	0.8	103.9	−1.3
30	82.0	−10.0	98.7	−5.0
31	74.4	−9.3	90.7	−8.1
32	74.7	0.4	88.1	−2.9
33	81.9	9.6	89.2	1.2
34	91.3	11.5	91.2	2.2
35	99.9	9.4	91.1	−0.1

（注）1926年＝100.
（出所）日本銀行『明治以降本邦主要経済統計』より．

その後の指針となった。また、ジェノア会議では、純粋な金本位制でなくて、金為替本位制（金本位制をとる国の通貨〔ドルやポンド〕を準備金に加えるもので、通貨と金との関連が直接的ではない）でもよいことが決議された。さらに、金本位制の再建の条件として、財政の均衡、信用の制限、各国中央銀行の協調などが付け加えられた。

ドイツは第一次大戦後の大インフレーションを経験し、二四年一〇月にデノミネーション（貨幣の称呼の変更）を行って金本位制に復帰した。イギリスは二五年五月に旧平価で復帰し、フランスは二八年六月に平価を約五分の一に切り下げて復帰した。しかし、二九年のアメリカの大恐慌が世界恐慌となり、再建金本位制は数年程度で崩壊することになる。

日本は、二〇年の反動恐慌、関東大震災、金融恐慌が起きたため、金輸出解禁が遅れた。金融恐慌の後、政友会の田中義一内閣は金解禁を目指していたが、張作霖爆殺事件の責任を取って、総辞職した。田中内閣の後を受けて、一九二九年七月二日、民政党の浜口雄幸総裁が組閣を行い、金解禁の断行を決意した。金解禁の任には、元日銀総裁の井上準之助大蔵大臣に当たらせた。民政党は、すでに、同年一月に速やかに金解禁を実現することを決議していた。七月九日、浜口内閣は、財政緊縮、国債整理など、金解禁を中心とする十大政綱を発表した。そして、金解禁は、民間経済の立て直しに絶対に必要な要件であるということを強調した。井上蔵相らは、金解禁のための準備は、財政の整理緊縮、国債の整理、国民の消費節約の三つであるとし、その実現に努めた。

政府が金解禁を実行することを表明したため、円相場が投機的に上昇し始めた。同年一一月二一日、井上蔵相は「金解禁に関する大蔵大臣の声明」を発表し、いまや金解禁の準備が整い、金解禁をしても金融市場や財界に急激な影響はないと表明した。

高橋亀吉（『東洋経済新報』編集長歴任）は、金解禁を最も強く要求したのは、財界であったと指摘している。理由は、企業が金解禁の近いことを知って、輸入、仕入、生産などを手控えてきたが、限界にきたからだという。また、政府が不況は金解禁によってのみ救われると言っていたために、経営者などがそれを信じたことも影響しているという(5)。

ところが、その一か月前の一〇月二四日にニューヨーク市場で株価が大暴落した（暗黒の木曜日）。浜口内閣はこのことを重く受け止めなかった。井上蔵相は、それによって金利と物価が低下したことは、金解禁断行の好機と捉えた。そして、翌三〇年一月一一日に、浜口首相は閣議決定をして、旧平価で金解禁を決行した。ところが、井上蔵相らの予想に反して、最初から猛烈な正貨（金貨）の流出が始まった。まず一月二〇日、神戸からサンフランシスコへ金が現物輸送された。ニューヨーク・ナショナル銀行一一五〇万円分など、合計一二五〇万円の金が輸送された（税関ベース）。金の純流出額は一月だけで四四八〇万円に上り、三〇年の一年間で二億九九五八万円分の金が消えた。翌三一年には、三億九〇六四万円分の金が流出した。貨幣法で円貨の金含有量が半分に改訂されたことを考慮しても、下関条約で受け取った賠償金に匹敵する純金が日本から流出したと言いうる。

このような巨額の金の流出は、日本銀行の保有金量を著しく減少させ、金融を引き締めざるをえない状況を生み出した。金融の面から、不況が深刻化することとなった。

また、当然ながら、為替相場が急騰した。三〇年には、為替相場（横浜正金銀行建値）が、二九年六月に一〇〇円＝四四・〇五〇ドル（一ドル＝二・二七円）であったものが、金解禁後の三〇年一月一四日以降、一〇〇円＝四九・三七五ドル（一ドル＝二・〇三円）と、約一二％の円高となった。

当時、日本の生糸の生産量は世界第一位であり、最大の輸出品目であった。その大部分がアメリカ向けであり、二九年にはエキストラ格の生糸相場（一ポンド建て）が五ドル前後であったものが三〇年夏には二ドル台と半値以下に暴落した。この暴落の要因は、レーヨンが普及し始めていたことなど複数考えられるが、アメリカの物価の下落をはるかに超える下落となっており、明らかに円相場の上昇も影響している。(6) 生糸に次ぐ輸出品の綿製品も暴落し、綿糸紡績業が厳しい状況になった。

大恐慌下での金解禁実施の謎

今日からみれば、アメリカで大恐慌が起きている最中に、旧平価での金解禁を強行したことは非常に不可解に思われる。

長幸男『昭和恐慌』は、浜口首相や井上蔵相が旧平価での金解禁を強行した理由として、次のような点を指摘している。①三〇年一月には、浜口首相や井上蔵相も、三〇年代のアメリカの大恐慌を経験していないので、二九年一〇月に起きたニューヨーク株式市場の大暴落を楽観視していた。

②二四年二月〜八月に井上が欧米を外遊したが、この時期は金本位制再建の機運が強く、この外遊の経験が彼に金解禁の堅い信条を抱かせた。③新平価での金解禁は貨幣法の改正が必要だが、浜口・井上らの民政党は第二党ゆえに議会の同意を得ることが困難であるのに対して、旧平価での解禁は一七年に金輸出を許可制にした大蔵省令を廃止する行政措置だけで実行できる(7)。

高橋亀吉『大正昭和財界変動史』は詳細な分析を行っており、次のような点を指摘している。①金解禁を予想して取引を控えていた財界がこれ以上待てなくなったこと、②一一月二一日の大蔵大臣声明において、「英米を初め、世界主要国の異常なる金利高も最近著しく緩和せられ……内外諸般の状態は金解禁の実行上有利に展開するに至れり」と強調している通り、井上蔵相がニューヨークの株価暴落の影響を楽観視していたことを指摘している(8)。

中村隆英『明治大正期の経済』は、次のような諸点を指摘している。①国際金融の舞台での活躍をねらっていた三井銀行などの大金融機関にとって、有利に資金運用できる金本位制への復帰が魅力的であったし、財閥は不況によって過当競争を整理し、勢力を拡大しようとしていた。「当時の政策決定者たちはこの意味で、財界主義に密着しすぎていた」。②日本の財政金融当局が「イギリスとアメリカの信頼をつなぎとめることに神経質であった」。③とくに浜口内閣は国際政治の上でも、アメリカやイギリスに協調する態度を明らかにし、「国内の条件よりも国際協力を優先させようとする政策」をとっていた(9)。

浜口内閣が金解禁を急いだ理由は、おそらく右の三名が指摘しているような理由が妥当するように思われる。これらの理由のなかでも、最も深層にある理由は、欧米列強と伍していくには、欧米先進諸国と国際協調を図っていくことが基本であるという考え方ではなかろうか。この点は、今日においても、なお日本の為政者の根本的特徴となっている。

たしかに、一定条件のもとで国際協調は必要なことではあるが、その案件が日本経済にどのような影響を及ぼすのか、詳細な研究が必要である。そのさい、時の政府の見解以外の見解についても耳を傾け、慎重な決断が求められる。さらに、その事案によって生じうる将来の出来事も想定しておくべきである。ところが、金解禁では、「時期が悪い」、「新平価での復帰が適当」だとの指摘があったにもかかわらず、井上蔵相らはそれらの意見を顧みなかった。

井上蔵相は、日本銀行総裁経験者であり、金解禁が円高をもたらし、日本経済が苦境に陥ることは、ある程度分かっていたはずである。準備を整えていたので、心配ないと言っており、彼の認識が不十分であったことは事実であろう。しかし、政治家としての野望が彼をして金解禁を強行させたかもしれない。

新聞も、『中外商業新聞』を除いて、金解禁を当然のことのように報道していた。政党は、「国民のため」と称しながら、大資本、労働組合、利益団体の利益を代弁する政策を立案・実行することが多い。当時の諸状況を勘案すれば、浜口首相や井上蔵相（蔵相になってから入党）らの民政党の面々にとって、旧平価で金解禁を断行することはすでに既定の方針であり、アメリカの経済状態の如何には関係がなかったともみられる。

深井英五（一九三五年に日銀総裁）は次のように述べている。

「私は世界戦争（第一次大戦――引用者）後の実歴と学界に於ける貨幣理論の研究とにより、金本位制が不可欠でもなく、金科玉条でもなく、又制度としての弱点もあり、実行上の困難もあることを認めた。然しながら経済活動の一般的基礎として通貨の価値を安定せしむることを目標とすれば、金本位制に優る所の実効的代案は容易に発見されない。……私は、金本位制への復帰を通貨政策の目標として掲揚し、之によって通貨の発行の放漫に流る、を抑へ、然も金本位再建の実行を急ぐことなく、金本位制の束縛を受けずして必要なる資金需要に応ずるの余地を存し、其の間に実験を重ねて徐《おもむ》ろに貨幣制度の帰趨を考定すべしと云う見解に立脚したのである(10)」。

すなわち、第一次大戦後の自分の体験や貨幣理論の研究によって、金本位制が不可欠でないことを理解していたが、通貨価値の安定という点を考えると金本位制に優るものはないので、金本位制への復帰を目標に掲げつつ、金本位制に制約されずに資金需要に応じる余地を残して、金本位制の帰趨をゆっくりと見極めるという立場をとった、と深井は述べている。またその後で、そうではあるが、自分の職務は政府の方針を実行することであるので、政府が金解禁を決定した後は、摩擦を避けて執行に努めたと述懐している。

すでに、ケインズ『貨幣改革論』によって、「金本位制はすでに未開社会の遺物と化している」として管理通貨制の必要性が説かれていた。当時、このケインズの著書の翻訳は岩波書店から出版されていた。よく研究すれば、深井のように金本位制が金貨玉条ではないことが分かり、国際金本位制が間もなく持続不可能になるかもしれないということも予測できたであろう。[11] しかも、深井は、二八年一一月に浜口と会談した際に、右のような内容を当人に慎重に話したことがあると述べている。[12] 深井が考えたように、浜口内閣は急がずにゆっくりと再建金本位制の成行きを見守ればよかった。

三〇年四月、ロンドン海軍軍縮会議で浜口内閣が軍縮条約に調印すると、天皇の統帥権を犯したとして非難が湧き上がった。浜口首相が狙撃されて、三一年一二月犬養毅政権が誕生した。高橋是清蔵相は即日金輸出再禁止を断行した。続いて、四日後の一二月一七日には銀行券金貨兌換停止令を公布した。日本の金本位制への復帰は二年弱で終わった。円安となり、金本位制を停止するとともに、景況が回復していった。

金解禁にかかわった津島寿一財務官（後に大蔵大臣）は、第二次世界大戦後において、金解禁について次のように評価している。

「浜口さんと井上さんの強硬な政策は、わが国経済に下剤をかけ、宿痾《しゅくあ》にメスを入れたようなもので、今日でいう構造改革、企業合理化、コスト引下げの大きな動因となったというべきです。こういった試練苦難をへて、金再輸出禁止後の為替低落による国際競争力の増加という条件も加わって、昭和八年以降のわが国貿易の進展を導いたものです[13]」。

金兌換を停止すれば、対外的には円安になり、国内的には通貨の流通量を増大させることができ、財政緊縮政策も必要なくなるので、景気は回復に向かう。浜口内閣が金解禁を強行しなければ、たとえ世界恐慌の影響を受けたとしても、昭和恐慌ほどには酷くならなかった。悲惨な人生を余儀なくされたり、命を落としたりした者も少なくて済んだであろう。プラザ会議関係者にも似たようなところはあるが、右のような評価には呆れるばかりである。

四　昭和恐慌

昭和恐慌の特徴

金解禁の断行のため、二九年、三〇年とも緊縮予算が組まれた。その上に、世界恐慌の波が日本を襲った。三〇年の株式市場は、金解禁の実施によって当初は上昇したが、二月をピークに下落傾向となった。四月上旬には鐘紡など主要株価が軒並み暴落となり、これが昭和恐慌の始まりとなった。

一九三〇年半ばから三一年にかけて、アメリカの大恐慌が本格化し、ヨーロッパにも波及した。

三一年七月にはドイツのダナート銀行（ベルリンの三大銀行の一つ）が破綻した。九月二一日にはイギリスが金本位制を停止した。この九月には、ドイツが事実上金本位制を停止し、デンマーク、ノルウェー、スウェーデンなどが追随した。

三〇年には、日本の名目経済成長率がマイナス約一〇％の急落となった。また、三一年もマイナス約九％と厳しい落ち込みが続いた。個人消費支出も三〇年にマイナス約八％、三一年にマイナス約一〇％の急減となった。反動恐慌のときには、名目の経済成長率が二〇年二・九％、二一年マイナス六・四％であり、個人消費支出は二〇年〇・二％、二一年にマイナス一・四％であったので、昭和恐慌の落ち込みのほうがはるかに大きい（表3-3）。

消費者物価も、三〇年にマイナス一一％超の急落となり、三一年にはマイナス一三％という大幅下落となった。消費者物価は、二六年から連続して下落を続けており、企業にとっては、非常に厳しい状態となった。

民営工場の人員は、三〇年に一〇％減少し、三一年に九％減少した。また、その実収賃金は、三〇年に五％下落し、三一年に八％下落した（表3-6）。物価や賃金はすでに金融恐慌を経て下がり続けており、昭和恐慌のほうがはるかに厳しい。

高橋亀吉は、昭和恐慌について次のように記している。事前に好景気がなく、長期の金解禁準備的不況を重ねてきた上での恐慌である。普通の恐慌と異なり、その激烈さ、商社の破綻、銀行取付等は比較的僅少で、商業の困難、農業経済の破局、国民経済の苦境、中小企業の窮迫という点に特徴がある。これは、二七年の金融恐慌によって弱体銀行や弱体大企業の整理が事前に行われていたこと、事前の大規模な投機的思惑がなかったことによる[14]。

三一年四月に若槻礼次郎総裁に替わったとき、井上蔵相は、金解禁を放棄する機会を得たが、金解禁を続行し、不況が厳しくなるなかで、さらに引き締め政策を続けた。一二月一一日に若槻内閣は内閣不一致で総辞職をし、一三日には犬養毅内閣が成立し、高橋是清蔵相が就任した。

昭和恐慌下で株価は低迷していたが、一二月一一日の若槻内閣総辞職とともに、市況が一変した。一三日に高橋蔵相が金輸出再禁止を表明するや、市場が熱狂的混乱となり、一四日から四日間は立会が休止となった。一八日に市場が再開すると、株式市場はさらに沸騰し、売買高が過去最高となった。『東京証券取引所五〇年史』は、昭和「恐慌からの離脱は、株式市場が最も早かった」と述べている[15]。世相は殺伐とし、テロが横行した。三二年二月九日、井上準之助は血盟団（右翼団体）員により暗殺された。

農村の惨状

昭和恐慌は、反動恐慌、金融恐慌、金解禁実施のための緊縮政策によって疲弊したところで生じたので、日本経済は余力を失っていた。特に農村においては、過酷そのものであった。

一九三〇年には、農家の収入は三〇％と大幅に減少し、三一年にも約二九％下落している。そのため、三一年の農家の収入は二〇年に比較して、約四四％という大幅な落ち込みとなった。その分、

表 3-7　農家1戸当たり年間収支の推移

（単位：円，%）

年度	農家収入	前年比	農家支出	前年比	収支
1920	1,653		1,719		−66
21	1,794	8.5	1,586	−7.7	208
22	1,710	−4.7	1,584	−0.1	126
23	1,620	−5.3	1,414	−10.7	206
24	2,465	52.2	2,095	48.2	370
25	2,417	−1.9	2,080	−0.7	337
26	2,248	−7.0	2,033	−2.3	215
27	1,864	−17.1	1,702	−16.3	162
28	2,039	9.4	1,817	6.8	222
29	1,880	−7.8	1,699	−6.5	181
30	1,311	−30.3	1,295	−23.8	16
31	933	−28.8	935	−27.8	−2
32	1,075	15.2	1,012	8.2	63
33	1,188	10.5	1,068	5.5	120
34	1,162	−2.2	1,076	0.7	86
35	1,382	18.9	1,226	13.9	156

（注）１円未満は切り捨て．
（出所）日本銀行『明治以降本邦主要経済統計』より作成．

農家の支出も、三〇年と三一年には、それぞれ二〇％を超える減少を余儀なくされた（表3-7）。

『昭和史』（遠山茂樹・今井清一・藤原彰）は、次のように記している。昭和恐慌で失業した多くの者は都会で職に就くことが難しく、農村に帰らざるをえなかった。「この時期においても、日本の労働者の半数は繊維産業を中心とする女子労働者で、農家の子女の家計補助のための賃金稼ぎであり、男子の場合にもやはり農家の二、三男の出稼ぎという傾向がつよかった」。そのため、企業は失業者の最低生活を保障する義務から免れ、政府も真剣な失業対策を講じなかった[16]。

一方で、農村を繭や米の価格の暴落

が直撃した。三〇年五月に一一〇〇円であった生糸相場が六月に七九五円に下落すると、繭の価格も九月には前年の三分の一に暴落し、当時農家総数の四割を占めた養蚕農家を苦境のどん底に陥れた。そのうえ、米が豊作により、米価が三一年一月には一七円六五銭に下落し、三〇年八月の三〇円五三銭と比較すると四二％の暴落となった。加えて、肥料価格はそれほど下がらず、農家の家計を圧迫した。しかも、小作農は、収穫の五割を現物小作料として地主に収めなければならなかった。また、中小地主や自作農は恐慌のため土地を手放さざるをえない状況に陥った。失業者の帰農は小作地の奪い合いを生み出した。このような状況のため、小作争議が各地で頻発した(17)。

三二年九月発行『日本農業年報』は「農業恐慌の全面的展望」と題して特集を組み、次のように述べている。三二年の特徴は、（一）最近の大暗殺事件（五・一五事件）が農業問題と密接に結びついており、農業問題が政治、経済、社会の全面において論議の的となっていること、（二）それに関連して、恐慌下の農村の惨状が報道機関によって明るみに出されたことである(18)。このように指摘した後、次のような事例を多数紹介している(19)。

・山梨県の農村では「炭焼きを業としているものが多いが、生活に窮したあげくの果、随所に米を買うということが出来ず、麦・豆類を混合して食っているが、甚だしきに至っては豆腐粕《おから》を買って来てこれを食っているものがある」（山梨県農会調べ）。

・「青森県中津軽部地方では頼母子講《たのもしこう》に加入せぬものは殆ど皆無の状態だが、最近では凶作と不況でみんなのものが金に飢えているので、頼母子講が開催されると、参加者が山のように集まって大騒ぎだ」[20]（東京朝日新聞・昭和七・六・一八）

・高知県のある山間の村では、債権者が貸出を中止して、債権を整理中で、「耕地・山林・動産などの差し押さえ競売の広告が、村役場の掲示板の掲示物の九割を占めている」（大阪毎日新聞・昭和七・七・六）

・静岡県のある村では、「愛児が病気危篤にも拘わらず、医師の手当てを受ける金がなく、遂に見殺しにしたものがある」。（静岡県農会調べ）

・秋田県の二つの村で、「百名の娘が売られていった」（東京朝日新聞・昭和七・六・九）

また、中村政則『日本の歴史』（第二九巻）は、三四年一二月に行われた調査によれば次の結果となっているという。山形県で「芸妓《げいぎ》四三七人、娼妓《しょうぎ》二〇二八人、酌婦一四七九人、その他一一二六人の合計五〇七〇人が、北は樺太《カラフト》（サハリン）・北海道から、南は鹿児島にいたる日本全国に散っている。そのうち、東京が半分近い二一九四人をしめる」[21]。すべての人が調査に正直に答えるとは限らない。全国でどれだけの人数となるかは不明である。借金のため、命を絶った事例など、悲惨な事例が山ほどある。

このような中で、農商務省の初代の経済厚生部長は、長野県大日向村《おおひなたむら》で、満州に分村するよう、一夜を明かして村民を説得したという[22]。おそらく、村民は行きたいとは思わなかったであろうが、食べるにも事欠いている状態に置かれていたために、大変な苦難が待ち構えているとは知らずに、しぶしぶ満州に行ったのではないであろうか。敗戦による逃避行で大日向開拓民の約半数（三七五人）が死亡した。長野県からの満州移住者は約三万三〇〇〇人であり、約一万五〇〇〇人が死亡した（『朝日新聞』二〇〇七年二月一五日付）。

なお、この大日向村は、分村計画を樹立・実行した代表的な村であり、映画や小説になるほど、有名である。ちなみに、上位五県の満州集団移民は、宮城県六九五戸、山形県七九一戸、福島県三九四戸、新潟県四四九戸、長野県八五一戸で、全国では八三八七戸に上った（一次から七次の合計）[23]。

五　昭和デフレ

一九二〇年の反動恐慌から三一年末の金輸出再禁止までは、日本の経済は苦難の連続であった。この時期は、経済成長率の低下とデフレーションが発生しているという特徴があり、バブル崩壊後の日本と類似したところがある。しかし、この時期のデフレは、平成デフレのように、長くは続かなかった。第一次大戦後の消費者物価は二一年に約一〇％、二二年に約二％下落した後、微増に転じた。それは、第一次大戦中に経済が拡大して耐久性があったうえ、金融緩和によって二二年から景気回復し、二四年と二五年は四％台の成長を実現しているからである。また、個人消費支出も二二年から二五年まで増加が続いており、消費者物価も下落がとまった。個人可処分所得が増大し、

表3-8　個人可処分所得総額の推移

（単位：百万円，％）

年	金額	前年比	年	金額	前年比
1919	12,666	33.4	28	12,413	－0.2
20	12,435	－1.8	29	12,196	－1.7
21	11,400	－8.3	30	11,431	－6.3
22	11,672	2.4	31	10,410	－8.9
23	11,230	－3.8	32	10,478	0.7
24	11,567	3.0	33	11,658	11.3
25	12,351	6.8	34	12,837	10.1
26	12,185	－1.3	35	13,867	8.0
27	12,438	2.1	36	14,513	4.7

（出所）　大川一司編著『国民所得』（長期経済統計1）東洋経済新報社．


二四年と二五年は三％と約七％という伸びとなった。

ところが、二六年になると、経済成長率がマイナス一・八％に低下し、その後二七年と二八年に一％台に回復したものの、二九年から三一年まで下落が続いた。特に、三〇年と三一年の下落幅は九％を上回る大幅なものであった。三〇年には、個人可処分所得支出が六％台の急落となり、翌三一年にも約九％減少した（表3-8）。個人消費支出も二六年から三一年まで、二八年を除いて、下落を続けた。その結果、消費者物価も二六年から三一年まで下落が続き、デフレーションとなった。三〇年に一一％超の下落、三一年には一三％の落ち込みとなった。世界恐慌と昭和恐慌とが重なって激しいデフレとなった。一般に、経済成長率・個人消費支出と消費者物価との間には関連性が認められるが、図3-1にみられるように、昭和デフレにおいては、これらの三つの要素が非常に密接に関連している。

個人消費支出の動向は、個人の収入に強く関係している。民営工場の従業員の実収賃金は、二九～三二年まで連続して

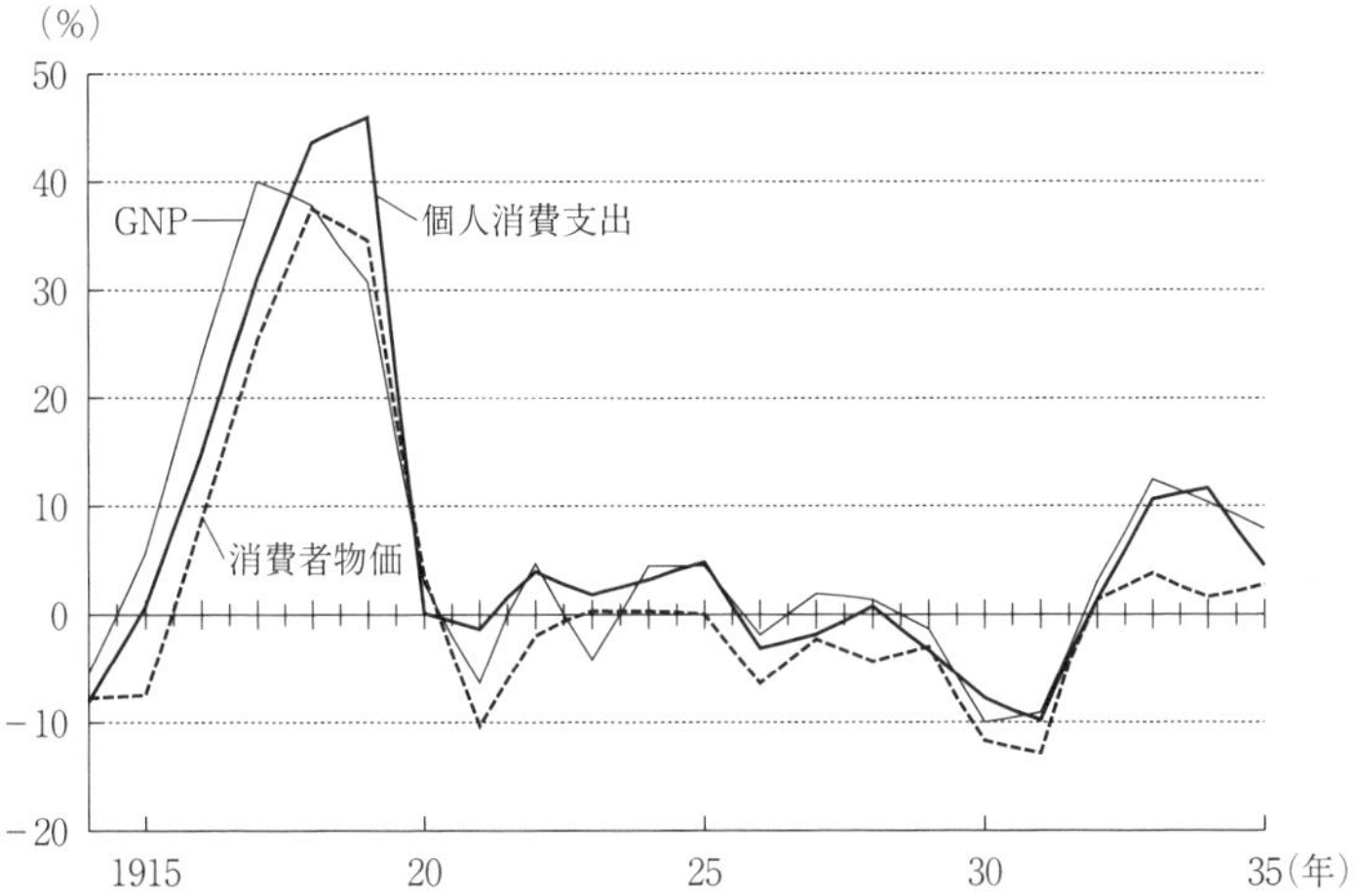

(注)　数値は前年比.
(出所)　大川一司ほか編著『国民所得』(長期経済統計1), 同編著『物価』(長期経済統計8) 東洋経済新報社.

図3-1　GNP・個人消費・消費者物価の関連性

下落した。特に、三〇年は五%、三一年は八%と下落幅が大きい。また、農家の一戸当たり収入をみると、三〇年と三一年は、約三〇%前後の大きな下落となった。それに対応する形で、農家支出も両年には二五%前後の大幅な減少となった。

農産物価格については、二五年から三一年まで下落し、特に三〇年には三四%の暴落となり、農家を直撃した。工業製品価格も、この期間は下落傾向であった(二八年を除く)。概ね、工業製品の値下がりの方が農産物よりも少ないと言える。工業製品の場合は、カルテルが行われている製品の値下がりが少ないという指摘がある(表3-9)。

年平均の米価と綿糸の価格をみると、三〇年には米価が前年比三六%超の暴落とな

表 3-9 消費者物価と農産物・工業製品物価の推移
の推移

（単位：%）

年	消費者物価	前年比	農産物物価	前年比	工業製品物価	前年比
1914	63.17	−7.6	102.3	−28.3	76.3	−4.4
15	58.62	−7.2	96.5	−5.7	80.6	5.6
16	63.82	8.9	109.6	13.6	100.5	24.7
17	79.97	25.3	154.9	41.3	129.4	28.8
18	109.85	37.4	240.3	55.1	160.8	24.3
19	148.17	34.9	331.2	37.8	186.0	15.7
20	155.09	4.7	262.6	−20.7	195.2	4.9
21	139.02	−10.4	253.3	−3.5	150.3	−23.0
22	136.07	−2.1	213.7	−15.6	151.2	0.6
23	136.58	0.4	236.4	10.6	154.6	2.2
24	136.90	0.2	265.9	12.5	155.3	0.5
25	137.33	0.3	260.3	−2.1	147.7	−4.9
26	128.90	−6.1	236.0	−9.3	130.9	−11.4
27	125.95	−2.3	207.6	−12.0	122.6	−6.3
28	120.35	−4.4	204.2	−1.6	123.7	0.9
29	117.26	−2.6	201.4	−1.4	119.6	−3.3
30	103.71	−11.6	133.0	−34.0	96.8	−19.1
31	90.15	−13.1	123.5	−7.1	79.7	−17.7
32	91.55	1.6	141.9	14.9	87.8	10.2

（注） 消費者物価は家賃を除く総合，1934〜36 年＝100．
農産物は 1904〜06 年＝100．工業製品は 1934〜36 年＝100．
（出所） 大川一司編『物価』（長期経済統計 8）東洋経済新報社．

り、二一年の反動恐慌時の下落以上の下げとなった。綿糸も三四%という大幅な低下となった（表3-10）。しかも、金融恐慌を経る中でデフレーションが進行しており、一石当たり米価は、反動恐慌前の一九年には約四六円であったものが、二九年には二九円と約三七%も下落している。それからさらに三六%下げたのだから、下落率は同じでもダメージは比べ物にならないほど大きい。実際、一九年と三〇年の価格を

表3-10　米・綿糸価格の推移

（単位：円，％）

年	米	前年比	綿糸20番手	前年比	年	米	前年比	綿糸20番手	前年比
1914	16.14	−24.7	123.59	−16.1	25	41.57	8.45	325.62	−0.1
15	13.06	−19.1	104.11	−15.8	26	37.58	−9.60	236.64	−27.3
16	13.66	4.6	138.09	32.6	27	35.23	−6.25	214.09	−9.5
17	19.80	44.9	226.32	63.9	28	30.70	−12.86	232.55	8.6
18	32.51	64.2	352.82	55.9	29	28.92	−5.80	229.28	−1.4
19	45.89	41.2	428.97	21.6	30	18.36	−36.51	150.29	−34.5
20	44.28	−3.5	449.02	4.7	31	18.37	0.05	128.60	−14.4
21	30.89	−30.2	264.23	−41.2	32	21.10	14.86	153.56	19.4
22	35.15	13.8	239.16	−9.5	33	21.36	1.23	211.62	37.8
23	32.38	−7.9	248.72	4.0	34	25.94	21.44	220.59	4.2
24	38.33	18.4	326.02	31.1	35	29.59	14.07	212.72	−3.6

（注）　米は石当たり円，綿糸は181.4kg当たり円.
（出所）　日本銀行『明治以降本邦主要経済統計』.

比べると、三〇年には約六〇％下落している。綿糸では、同期間に約六五％暴落している。

本書では、二六年から三二年までの六年間持続したデフレを昭和デフレーションと呼んでいる。しかしながら、昭和デフレは六年間で終わった。その大きな要因は、金輸出の再禁止により、金本位制の制約から解放されたことである。この直接的効果は、対外的には円安であり、国内的には金融緩和や積極財政が実行できるようになったことである。実際に、高橋是清蔵相は積極財政政策を採用した。

これらの要因から、三二年から経済が上向き、三三年と三四年の経済成長率は一〇％を超える成長となった。また、この両年は、個人消費支出も、一〇％を上回った。デフレーションが続く条件が消え去り、昭和デフレは三一年をもって終息したのである。

注

(1) 日本銀行百年史編纂委員会『日本銀行百年史』第一巻、一九八二年、一一一頁。
(2) 同右書、第三巻、七～八頁。
(3) 同右書、一八六頁。
(4) 同右書、二一四頁。
(5) 高橋亀吉『大正昭和財界変動史』(中) 東洋経済新報社、一九五五年、九三八～九四〇頁。
(6) 日本銀行百年史編纂委員会、前掲書、四五一～四五六頁。
(7) 長幸男『昭和恐慌』岩波新書、一九七三年、八三～九五頁。
(8) 高橋、前掲書、九四五～九五五頁。
(9) 中村隆英『明治大正期の経済』東京大学出版会、一九八五年、一六九～一七〇頁。
(10) 深井英五『回顧七十年』岩波書店、一九三一年、二四〇頁。
(11) J・M・ケインズは、*A Tract on Monetary Reform*, 1923 において管理通貨制の提案を行っている。翻訳書は、岡部菅司・山内直訳『貨幣改革問題』岩波書店、一九二四年、『ケインズ全集』第四巻、中内恒夫訳『貨幣改革論』東洋経済新報社、一九七八年がある。
(12) 深井、前掲書、二四一頁。
(13) 安藤良雄編著『昭和経済史への証言』(上) 毎日新聞社、一九六五年、七〇頁。
(14) 高橋、前掲書、一〇〇〇～一〇〇一頁。
(15) 東京証券取引所『東京証券取引所五〇年史』二〇〇二年、四八頁。
(16) 遠山茂樹・今井清一・藤原彰『昭和史』岩波新書、一九五九年、六二頁。
(17) 同右書、六三～六五頁。
(18) 日本農業研究会編『農業恐慌の全面的展望』第一輯改造社、一九三二年九月、三頁。

(19) 同右書、四～三五頁参照。
(20) 頼母子講は鎌倉時代あった相互扶助的な庶民金融である。「無尽」とも呼ばれる。一定の口数を定めて加入者を募り、一定期間ごとに掛金を出させ、抽選などによって所定の金銭を融資するものである。昭和初期においても、庶民の間で重要な役割を果たしていた。農林省経済厚生部が三四年九月末現在で調査した「頼母子講ニ関スル調査」（三五年一〇月）がある。この調査は、実質的に頼母子講と分類できるものを集計したもの。全国で、八二市、七一八八町村に頼母子講があった（合計七二七〇市町村。調査市町村のうち七五・一％）。講数は、全国で約三〇万であり、一市町村当たりの講数は、沖縄、山口、愛媛、鹿児島、徳島が多く、栃木、埼玉、千葉、茨城、群馬等が少ない。加入者は、約三九四万人に上る（日本農業研究会編『日本農業年報』第七輯、三五年一二月、改造社、四二五～四三〇頁、参照）。五一年の相互銀行法により、無尽会社は相互銀行に転換した。
(21) 中村政則『日本の歴史』第二九巻「労働者と農民」、小学館、一九七六年、三二三頁。
(22) 安藤、前掲書、一三六書。
(23) 高橋泰隆『昭和戦前期の農村と満州移民』吉川弘文館、一九九七年、一一九頁参照。原資料は、満州拓殖会社『満州移住月報』創刊号一九三八年一〇月、六頁。

第4章
戦後の物価問題

第二次世界大戦が終結すると、すぐにハイパー・インフレーション（超インフレーション）が発生した。これは日本が初めて経験したハイパー・インフレであり、インフレ論議の際にしばしば引き合いに出される。

アベノミクスが実施されるとき、一部の野党や経済専門家が戦後直後のようなハイパー・インフレが起きると批判した。だが、インフレらしき現象すら見られない。

高度経済成長期に入ると、再びインフレーションが発生した。特に、高度成長末期には、インフレ問題が政治問題化した。日本が経済大国となるなかで、戦後の一ドル＝三六〇円時代が終わり、インフレ問題も複雑な様相を呈してくる。

実は、戦後日本においても、依然として円相場（外国為替相場）問題から解放されていない。この章では、バブル経済よりも前の戦後物価問題について検討する。

表 4-1　終戦直後の物価と通貨の推移

（単位：%，億円）

年	東京小売物価	前年比	全国卸売物価	前年比	日銀券（年末）	前年比
1944	2.098	12	2.319	13	177	72
45	3.084	47	3.503	51	554	213
46	18.93	514	16.27	364	933	68
47	50.99	169	48.15	196	2,191	135
48	149.6	193	127.9	166	3,552	62
49	243.4	63	208.8	63	3,553	0
50	239.1	−2	246.8	18	4,220	19
51	309.5	29	342.5	39	5,063	20
52	300.5	−3	349.2	2	5,764	14

（注）　東京小売物価指数および全国卸売物価指数は 1934〜36 年平均＝1.
（出所）　東京小売物価指数は日本銀行『明治以降本邦主要経済統計』，その他は総務庁『日本長期統計総覧』第 4 巻による.

一　戦後インフレーション

三桁のハイパー・インフレ

戦後直後は戦中の物価統制がまだ続いていたうえ、闇市場が広く存在していた。また、混乱期であり、統計が十分に整っていない。そこで、統計のある東京小売物価指数（消費者物価指数）と全国総合卸売物価指数（企業物価指数）等に依拠して、終戦直後のインフレーションの状況について検討することにしたい。

表4-1のように、東京消費者物価と全国総合卸売物価はかなり類似した動きを示している。すなわち、両物価とも、終戦前の四四年には一〇%台の上昇となった。この時期は、戦時下の一九三九年一〇月に公布された価格等統制令によって、公定価格が定められている時期である。しかし、太平洋戦争が

表4-2　農村物価の推移

（単位：%）

年	うるち米	前年比	野　菜	前年比	被服身回品	前年比
1945	484		2,637		816	
46	1,775	267	5,466	107	11,428	1,300
47	5,647	218	15,797	189	41,698	265
48	11,607	106	15,842	0.3	66,734	60

（注）　農林省『農村物価調査報告』による．1937年平均＝100．
（出所）　日本銀行『明治以降本邦主要経済統計』．

長期化し、軍事支出が巨額化するなかで、物価が上昇し始めた。四四年頃からは統制価格の引き上げが重ねられ、形骸化していった。

四五年八月に終戦となったが、価格統制は続けられた。しかし、同年一一月、政府は生鮮食料品の配給・価格統制を撤廃した。これにより、食料品等が急騰し始めた。四五年には、東京の消費者物価も全国卸売物価も、ともに約五〇%という激しい上昇となった。さらに、四六年には一気に三桁の暴騰となった。特に、東京の消費者物価は五〇〇%を超え、全国卸売物価も三五〇%を超えて暴騰した。日本ではじめてのハイパー・インフレーションが発生した。

大川推計では、消費者物価（都市・農村の総合）が最も暴騰した年が四七年で一二五%となっている。全国平均であり、東京の消費者物価とは異なっている。しかし、農林省の調べでは、農村の消費者物価も決して低いものではない。たとえば、被服・身回品では、四六年に一三〇〇%も暴騰している。うるち米は四六年に二六七%、野菜は四七年に約一九〇%暴騰している（表4-2）。他の品目も、軒並み暴騰が続いている。各種料金（東京）も暴騰した。四六年には、ガス料金（四〇m^2当たり）が六五四%、クリーニング（背広・

表 4-3　各種料金（東京）の推移

（単位：%）

年	ガス（40m²）	前年比	新聞	前年比	クリーニング	前年比
1944	1.0	0.0	1.4	7.7	1.4	0.0
45	1.3	30.0	2.2	57.1	1.5	7.1
46	9.8	653.8	6.3	186.4	9.4	526.7
47	33.0	236.7	10.8	71.4	16.1	71.3
48	63.5	92.4	34.4	218.5	46.8	190.7
49	112.4	77.0	46.6	35.5	71.4	52.6
50	165.8	47.5	59.0	26.6	71.4	0.0

（注）　日本銀行調べ．1933 年平均＝1.
（出所）　日本銀行『明治以降本邦主要経済統計』.

ワイシャツ）料金が五二七%の暴騰となった。また、新聞料金は、四八年に二一九%暴騰した（表4-3）。

四七年と四八年には、東京の消費者物価も全国卸売物価も、上昇率がやや鈍化したものの、両物価とも一六〇%を超える非常に高いインフレが持続した。終戦からインフレが高進しているため、四九年の東京の消費者物価は、四五年と比較すると、なんと七七九二%という目もくらむばかりの暴騰となった。

価格統制があり、闇市場があり、どのように集計するかによって数値に違いがでてくる。都市部では、大川推計よりも、もっと激しい物価上昇があったと思われる。いずれにしても、戦後直後に、消費者物価が三桁の暴騰となったことは確かである。

四九年には、ドッジ・ライン（ドッジの経済政策）が実施され、東京の消費者物価も全国卸売物価も上昇率が六〇%台に下がり、五〇年には終息した。この四五年から四九年の時期のハイパー・インフレーションは戦後インフレーションと呼ばれている。

絶対的な物不足

一九四五年八月一五日の終戦を迎えるまでに、北海道の一部を除く日本の主要都市は米軍の空襲（空爆）によって、多くの工場や住居が破壊された。四八年の調査によると、この戦争による建物の被害は全国で約二三六万戸（全焼二二八・八万戸、全壊六・四万戸）であった。東京都約七一万戸（全焼七〇・四万戸、全壊〇・三万戸）、大阪府約三四万戸（全焼三三・六万戸、全壊〇・三万戸）、兵庫県約二二万戸（全焼一七・八万戸、全壊一・七万戸）、愛知県約一八万戸（全焼一五・九万戸、全壊〇・九万戸）など、各地で大きな被害を蒙った(1)。自然災害が起きても、これだけの多数の建物が破壊されることはない。

工場や生産設備が全国規模で破壊されたために、生産能力が大幅に減少した。鉱工業生産指数が、一九四五年と四六年にそれぞれマイナス五六％減少した。四六年の鉱工業生産を四四年と比較して五分の一に激減した。

また、農業生産も四四年、四五年と二〇％前後減少した（表4-4）。気候の影響もあったが、戦争を体験した人の話では、都市の近郊では、女性や子どもが農作業をしていても米軍機が機銃掃射をしてきたので、必死に逃げたという。四四年や四五年に農業生産が落ち込んだのは日本の多くの都市が爆撃されたことや、少年少女も戦争に巻き込まれたことなども影響していると考えられる。

表 4-4　戦後直後の工業・農業生産の推移

（単位：%）

年	鉱工業生産	前年比	農　業生産	前年比
1944	8.8	1	77.6	−19
45	3.9	−56	59.7	−23
46	1.7	−56	77.3	29
47	2.1	24	74.7	−3
48	2.8	33	86.0	15
49	3.6	29	92.5	8
50	4.4	22	98.9	7
51	5.9	34	99.2	0
52	6.4	8	111.2	12

（注）　工業生産指数は 1980 年＝100，農業生産指数は 1933～35 年平均＝100．
（出所）　総務庁『日本長期統計総覧』第 2 巻より．

終戦後も日本に対する経済封鎖が続いており、日本の貿易は連合軍総司令部（GHQ）の管理下に置かれ、自由な貿易ができなかった。そのため、貿易会社が食料や日用品を自由に輸入できなかった。GHQは、アメリカから一定量の食料を輸入するなどの措置をとったが、それでは到底足りなかった。マッカーサー司令官の声明により、四七年八月一五日から対日経済封鎖が一部緩和されたが、まだ正常な貿易は認められなかった（四九年一二月、「外国為替および外国貿易管理法」が公布され、民間貿易正常化に向けた体制が整えられた）。

かくして、終戦直後の数年間は、食料や日用品等の供給が圧倒的に不足する異常な状況が続いたのである。配給された食料だけでは足りないし、しかも配給は遅延しがちであった。たとえば、四六年一〇月二一日現在、東京都では、本所方面は二六日～二九日の遅配となっており、最も少ない地区でも二日遅れとなった（『朝日新聞』一九四六年一〇月二四日付）。

二〇日以上も食料がなければ、普通の生活はできない。四七年一〇月、闇米を取り締まる裁判官が闇米を食べてはいけないと言って、闇市場を使わなかった山口良忠裁判官が死亡した。配給された食料のほとんどは二人の子どもに与え、自らと妻はわずかな粥などで過ごしていたという。今日の裁判官においては、決してありえない状況である。

また、食料が足りないため、苦労して田舎まで出向いて衣類を米などと交換して帰ってくると、駅で警官が待ち構えていて、それらの物資を取り上げていったという話は珍しくない。

また、当時の新聞によると、捨てられる子どもが多くなった。さらに、もらい子を置き去りにした事例も報道されている（『朝日新聞』四七年二月八日付）。食料が足りないことは誰でも知っているので、解説すら記されていない。

終戦直後には、日本本土が焦土と化し、自由な貿易も認められておらず、一般の人々の間では、絶対的な物不足が蔓延していたという特殊事情があった。アベノミクス（第二次安倍内閣の経済政策）によってハイパー・インフレーションが発生するという人たちはこのことをよく認識しているのか疑問である。

通貨の激増

他方で、戦争が終わって、七二〇万人（外地からは三五〇万人）の復員軍人に退職金が支払われ、契約打ち切りに対する軍需関連企業への補償金が支払われた。その額は、終戦の一九四五年八月から一二月末までに二七三億円に上った。その財源は日銀による国債引き受けと対政府貸出によって賄われた(2)。四五年末には日銀券の発行残高が五五四億円に激増したが、四四年末残高が一七七億円であったことを考慮すれば、右の支払がいかに大きな比重を占めているかが知れる。また、政府は、政府短期証券を増発して、これを日銀に引き受けさせて財政赤字を賄った。このようにして日銀券が激増した。

決定的に物が不足している時に、四六年末には日銀券が前年末に比べて約二倍となり、四四年の五倍以上になった。市場では、通貨がだぶつき、物を買い求めたい人々が溢れているので、当然に価格が暴騰し、インフレが激化した。

もっとも、政府もインフレの高進に対して、四六年二月には金融緊急措置令を公布するなどして、対応した。それは、新円を発行して、世帯主と世帯員それぞれ一名につき一〇〇円分だけ旧円と交換し、その他の旧円は強制的に預金させて封鎖するものであった（封鎖預金）。ただし、生活資金として、一月につき、世帯主は三〇〇円、世帯員は一人一〇〇円だけ封鎖預金から支払を受けることができた。また、事業資金として、人件費（最高五〇〇円）、通信費、交通費、事務用雑費などに対して、封鎖預金を使えるものとされた。

しかし、この金融緊急措置は、インフレの鎮静化という点では、失敗に帰した。政府が財政赤字を続けたことや、封鎖小切手によって商取引や納税が可能であったために、封鎖預金が尻抜けになったと指摘されている(3)。

また、四六年度改訂予算案の提出の際に、第一次吉田茂内閣の石橋湛山蔵相は、経済復興のためには財政赤字やインフレもやむをえないという立場をとり、価格差補給金制度と傾斜生産方式を導入した。前者は、鉄鋼・石炭・米・みそなど、基礎的原材料と食糧について、原価よりも低い公定価格を設定し、その差額を国が補填するものであった。後者は、重油や石炭を鉄鋼部門に重点的に充当し、生産拡大のための基礎をつくることを企図したものである。前者は、財政赤字を前提とした制度であり、流通通貨量の激増をもたらした。さらに、四七年一月には、産業の復興のために、復興金融公庫が設立され、復興金融債が大量に発行された。この復金債の大部分が日銀引き受けであり、巨額の通貨を増発させることになった。四九年三月までの二年余りの期間に一〇九一億円の復金債が発行され、その七三％が日銀引き受けであり、日銀券の増発につながった。この金額は同期間の日銀券増発額の約三八％にあたり、インフレーション激化の大きな原因となった[4]。当時の政府がインフレーションを抑制しようとしたことは事実ではあるが、経済復興を優先したために、財政支出が増加する結果となり、激しいインフレを容易に鎮静化することができなかった。

このような折、冷戦構造が進行してきたため、アメリカが対日戦略を非軍事から日本経済の復興・自立へと転換して、四九年二月にGHQ経済顧問としてジョゼフ・ドッジ公使を日本に派遣した。ドッジは、日本経済は竹馬に乗っているようなものであり、価格差補給金制度と復興金融公庫という二つの足を切り落として、足を地に付けて歩くべきだと強調した。ドッジ・ラインによって、この二つが廃止されるとともに、四九年度予算を超均衡予算（黒字予算）としたために、日銀券の増発が止まって、四九年にはインフレが二桁台に低下し、五〇年には完全に終息した。

なお、同年四月二五日、ドッジ・ラインにおいて、一ドル＝三六〇円の単一為替レートが実施された。四一年七月にアメリカが在米日本資産を凍結したとき、一ドル＝四円二六銭であったので、大幅な円の切り下げであった。しかし、日本のほとんどの都市が破壊された当時としては、高めのレートであった。単一為替レートの設定は、日本経済が国際経済に復帰する礎となった。

物不足によって受給がひっ迫したこと、また日銀券が大量に発行されたことにより、物価が三桁の上昇率で暴騰するハイパー・インフレが発生した。日本が侵略戦争をしていなければ、このような異常な物不足や通貨の激増が起きることはなく、ハイパー・インフレは生じなかったであろう。

歴史を振り返ると、ハイパー・インフレーションは、第一次大戦後のドイツや第二次大戦後の日本などのように、戦争によって国土が破壊された敗戦国、あるいは政治・経済が大混乱に陥って諸商品の安定供給に大きな支障が出ているような国において発生している。

しかも、ハイパー・インフレが発生すると、最も被害を受けるのは一般国民である。社会が大混乱に陥り、凶悪事件も増加する。ドイツ大インフレーションのような場合には、政治体制を誤った方向に導く要因にもなった。

二　高度成長期のインフレーション

消費者物価の上昇と卸売物価の安定

ドッジ・ラインによる金融・財政の厳しい引き締めは、ドッジ不況を惹起した。しかし、一九五〇年六月、朝鮮戦争が勃発したため、米軍の軍需物資等の注文が大量にもたらされ、特需ブームとなった。日本経済は、朝鮮戦争による特需ブームによって、ドッジ不況を乗り越え、成長軌道への道を開くことができた。五五年には、鉱工業生産指数が戦前のピークを超え、五五年から七三年の期間は、実質国民総生産（ＧＮＰ）が年平均約一〇％という高度経済成長を実現した。

高度成長期前半は、石炭から石油へのエネルギー革命が生じるとともに、電機産業等で新製品の開発が進んだ。電機洗濯機、電機冷蔵庫、白黒テレビが普及した。経済の高度成長とともに、農村から都市への人口の移動が生じ、就業人口が増大した。

高度成長期後半には、六五年に一旦不況に見舞われるが、長期国債の発行と財政刺激政策（ケインズの有効需要政策）や産業の再編成等によって、再び高度成長が持続した。六八年には、日本のＧＤＰが西ドイツを追い越して、アメリカに次ぐ世界第二位となった。自動車、クーラー、カラーテレビが普及し、いわゆる「３Ｃ」時代となった。

高度経済成長期においては、年平均約一〇％という高い経済成長を実現した。そして、賃金も高

表 4-5　賃金・消費・物価の推移

（単位：%）

年	製造業賃金	個人消費支出	消費者物価
1961	10.9	16.0	5.4
62	9.8	15.4	6.7
63	9.8	17.9	7.7
64	10.6	15.8	3.8
65	8.8	12.5	6.6
66	11.5	14.2	5.2
67	13.3	14.7	3.8
68	14.4	15.1	5.4
69	16.4	14.7	5.4
70	18.1	15.4	7.6
71	13.9	13.2	6.1
72	15.5	15.6	4.5
73	23.5	21.0	11.7
74	25.9	23.8	24.4
75	11.6	15.7	11.8

（出所）　総務庁『日本長期統計総覧』第 4 巻.

い伸びを示し、製造業ではほぼ毎年一〇%超える賃金の上昇が続いた（表4-5）。そして、個人消費支出は毎年十数%を超える増加が続いた。賃金と消費支出の増加が続いた結果、消費者物価も、上昇傾向となった。

高度成長期に入ると、消費者物価は徐々に上昇を開始した。六〇年初頭から七二年の時期は三%台後半から七%台の幅で上昇を続け、インフレーションが顕在化した。このようなインフレーションは、「忍び足」のような物価上昇であることから、クリーピング・インフレーションとも呼ばれる。

ところが、卸売物価は、五〇年代にやや乱高下したものの、六〇年初頭から七二年の時期においては概ねゼロ%台から二%台の幅で推移し、かなり安定していた。

このように、高度成長期の物価動向は、消費者物価が上昇し、卸売物価が安定していた点に特徴がある。この現象について、鋭い洞察を行ったのは高須賀義博教授であった。独占的（寡占的）大企業は生産性が高く価格を持続的に引き上げなくても利潤が確保できるので卸売物価は安定的に推移するが、中小企業は生産性が低いため価格を引き上げて利潤を確保しようとするので、消費者物価が上昇する旨の主張をした。そして、この現象を「生産性（上昇率）格差インフレーション」と命名した[5]。

独占的（寡占的）大企業は労働生産性が高く、また価格設定力を持っているため、目標利潤を確保する独占価格または寡占価格で商品を販売することができることは広く論者に認められるところである。また、当時、中小企業が圧倒的多数を占めていた小売部門では値上げをして、一定の利潤を確保せざるをえなかった。このような現実を理論化したのが生産性格差インフレーション論であった。今日でも、大企業と中小企業との間に生産性の上昇率格差は存在するが、当時このような現象が生じた背景には、中小企業が値上げをできるような強い需要があったと考えられる。

この間、日本は国際社会に復帰し、先進国の仲間入りを果たした。すなわち、六四年四月にＩＭＦ八条国（国際収支を理由にした為替管理の禁止）となるとともに、同月に経済協力開発機構（ＯＥＣＤ）に加盟した。

狂乱物価と二つのショック

高度成長期の最後の年となった一九七三年には、突如として、消費者物価が一一％台、卸売物価が一五％台の上昇となった。特に、秋以降の上昇が著しかった。消費者物価が、七三年一〇月、一一月、一二月と対前年比で、それぞれ一四・二％、一五・九％、一九・一％と急騰した。卸売物価は、同期に、前年比二〇・二％、二一・三％、二九・〇％の暴騰となった。そのため、日銀は七三年一二月二二日に公定歩合を七％から一気に九％に引き上げた。この極度の金融引き締めは、七五年四月一六日まで続けられ、七四年には、経済成長率がマイナスとなり、高度成長が終焉した。

高度経済成長末期の七一年八月一五日には、ニクソン大統領がドルと金との交換停止を発表し、ニクソン・ショックが発生した。これを契機にドル相場が下落を開始し、同年一二月にスミソニアン会議が開催され、ドルの中心レートを引き下げて固定相場制を維持しようとしたが、その後もドルの下落が続いていった。スミソニアン会議により、円の中心レートは、一ドル＝三六〇円から三〇八円に引き上げられた。しかし、スミソニアン会議後も、ドル相場の下落に歯止めがかからず、円相場が上昇を続けた。また、一九七三年二月にはヨーロッパでドルが大量に売り浴びせられ、ドル危機が進行した。先進諸国が変動為替相場制に移行した。二月に日本も変動相場制に移行することを決め、同月一五日一ドル＝二六四円で変動相場がスタートした。

ニクソン・ショック以降、ドルの外為相場は下落の一途を辿った。資源価格はドル表示のため、ドルの減価は資源輸出国の利益を減少させることとなったため、資源輸出国は資源の輸出価格を引き上げた。

当時、ＯＰＥＣは、アラビアンライト（標準的油種）を世界の原油価格の基準にしていた。このアラビアンライトは徐々に上昇していた。しかし、七三年一月一日には、一バレル当たり二・五九一ドルであり、一〇月一日にでも三・〇一一ドルであった。しかし、一〇月一六日には一気に五・一一九ドルに引き上げられ、七四年一月一日にはさらに一一・六五一ドルまで引き上げられた。一年間で約四倍に引き上げられた（表4-6）。これだけ、急激な価格の上昇があれば、原油を輸入に頼る国では物価の急激な上昇が避けられない。日本だけでなく、ヨーロッパの多くの国の物価も上昇した。

狂乱物価は、七四年にさらに激しくなった。同年一月には、消費者物価が前年比二三・一%、二月に二六・三%に上昇した。この七四年二月の物価上昇は、戦後インフレーションの時期を除けば、戦後最も激しいインフレーションとなった。この時期のインフレーションは、たしかに輸入インフレーションとしての側面が強い。ただし、便乗値上げや商社の商品隠しによる値上げもあった。トイレットペーパーや砂糖が店先から消え、店に並んだときには大幅に引き上げられていた。

表4-6　アラビアンライトの価格設定

（単位：ドル）

実施日	1バレル価格
1973. 1. 1	2.591
6. 1	2.898
10. 1	3.011
10.16	5.119
12. 1	5.036
74. 1. 1	11.651
11. 1	11.251
75.10. 1	11.510
77. 1. 1	12.090
7. 1	12.704
79. 1. 1	13.339
4. 1	14.546
6. 1	18.000
11. 1	24.000
80. 1. 1	26.000
4. 1	28.000
8. 1	30.000
11. 1	32.000
81.10. 1	34.000
83. 3.14	29.000

（出所）　日本銀行『日本を中心とする国際比較統計』.

また、ドルショック後

に、日銀がマネーサプライを増加させたことも見落とせない。七一年八月一五日のニクソン声明に対して、ヨーロッパの外国為替市場は一週間の閉鎖措置をとった。ところが、日本は、外為市場を開いたままにしたために、大量のドル売りに見舞われ、政府は大量のドル買い円売りを行った。このため、円通貨が大量に市場に出回った。また、七二年六月には、景気が回復し始めたにもかかわらず、公定歩合を引き下げた。これらの結果、七一年、七二年のマネーサプライが大幅に増大し、インフレーションを激化させた。鈴木淑夫『日本の金融政策』も「一九七二―七三年の金融政策は大失敗」と述べている(6)。

ただし、この時期は、イギリス、フランス、イタリアなど、欧州諸国も激しいインフレーションとなった。イタリアでは、七四年に約一九%の激しいインフレーションとなった。また、フランスでも、七四年に約一四%のインフレーションが発生した。イギリスでも、七五年には、約二四%という激しいインフレーションとなった。また、ドイツ大インフレーションを教訓に厳しい金融政策を行っている西ドイツでも、七三年と七四年に約七%のインフレーションとなった(表4-7)。日本でも、七四年に、約二四%のインフレが発生し、政府が対応に追われた。ヨーロッパのインフレーションは、西ドイツを除いて、日本と同様に、オイル・ショックの影響を強く受けた。

調整インフレ論

戦後、アメリカのドルが国際通貨(基軸通貨)となり、アメリカが国際通貨の発行権益を獲得し

表4-7 先進諸国のインフレーション

（単位：%）

	日本	イギリス	フランス	イタリア	西ドイツ
1972	4.5	7.3	6.2	5.7	5.6
73	11.7	9.1	7.2	10.8	6.9
74	24.5	16.0	13.8	19.1	6.9
75	11.8	24.2	11.8	17.0	5.9
76	9.3	16.5	9.7	16.7	4.4
77	8.1	15.8	9.3	17.0	3.6
78	3.8	8.3	9.1	12.1	2.7
79	3.6	13.4	10.8	14.8	4.2
80	8.0	18.0	13.5	21.2	5.4
81	4.9	11.9	13.4	17.8	6.3
82	2.7	8.6	11.8	16.5	5.3

（出所） 日本銀行『外国経済統計年報』1985年版.

た。ところが、一九七一年には、ニクソン大統領のドルと金との交換停止の声明により、ドル相場の下落と、それ以外の通貨の相場の上昇が始まった。このことは、日本からみると、日本が貿易等で稼いだドル資産が減価することを意味する。

当時、日本の経済論壇では、この問題にいかに対処するかということが大きな課題となった。日本国内でインフレーションを起こして円の減価とドルの減価をバランスさせ、日本が保有するドル資産の減価を回避すべきであると提唱したのが高須賀義博教授であった(7)。これは調整インフレ論と呼ばれるものである。ただし、高須賀教授の提唱した調整インフレ論は、日本の賃金は欧米に比べて低いので、大企業が賃金を引き上げることによって、生産コストを高めて、物価上昇、すなわちインフレーションを引き起こすべきであるという点に特色があった。

この高須賀提案に対しては、川口弘教授から「大企業における賃上げの価格引上げへの転嫁を当然のことと前提し、むしろ積極的に期待しておられる」が、これは寡占企業免罪論ではないかという旨の批判が行われた[8]。

また、すでに物価上昇が著しくなっているなかで、さらにインフレを激化させることに反対する主張もあった。当時、インフレ反対は国民の切実な声であり、インフレ退治は多くの国民の望むところであった。高須賀説は、理論的には成立するが、時の政府や一般の国民に支持されるには無理があったと言えよう。

輸入インフレーション論

一九七〇年初頭には、国際的に資源価格が高騰し始め、資源の多くを輸入に頼る日本では、原料高が製品価格に反映されて、国内物価が上昇した。このようなことは、ごく自然のことであり、否定する者は少ないであろう。

当時、新開陽一教授は、独自の視点から輸入インフレーション論に言及した。新開説の特徴は以下のようである。輸入インフレーションは、ドル表示の輸入価格が上昇して、国内物価水準が上昇することである。日本が蓄積したドル資産は毎年減価し、これは貨幣の鋳造税をアメリカに納入しているようなものである。これを避ける道は、①国内通貨を増発してインフレを促進すること、②固定為替相場制を放棄して自由変動相場制に移行すること、このいずれかを選ぶ以外にない。物価を安定させ、鋳造税の支払いを避けるために、後者の道を選択すべきである[9]。これが新開説の核心であり、高須賀説の対極に位置する主張と言える（論理構造は同じだが、結論が反対）。

高度経済成長を実現した日本は、その末期に、インフレーションの進行と円高圧力にさらされた。インフレーションでは、庶民は物価高に苦しみ、円高では、特に中小企業が苦しめられた。当時の論客は、日本が今後どのような道を歩むべきかを真剣に模索した。高須賀教授の調整インフレ論と新開教授の輸入インフレ論は、経済学の視点から、その方向性を示そうとしたものであった。

一方で、日本はこの二者択一の選択の時に来ていないという主張もなされた。しかし、まさしくその時期に来ていたのである。ただし、実質的には、日本はそれを選べる立場にはなかった。

七二年六月、ポンドが投機的な売り浴びせにあって、同月二三日にイギリス政府は変動相場制に移行することを発表した。その後、アメリカのボルカー財務次官を中心に、日本の細見卓大蔵次官、西独のペール大蔵次官らが通貨協議を行った。

翌七三年二月一四日、日本政府は変動相場制に踏み切った。ちなみに、右の三名は、プラザ戦略でも登場する面々であった（ただし、プラザ戦略では新顔も登場する）。この年の九月二四日、ケニア共和国ナイロビで、アメリカ、イギリス、フランス、西独の四か国で開催されていた秘密会議に日本の関係者が初めて参加を許された。これがG５（Group of Five の略）の始まりである。この秘密会議でプラザ戦略も推進されることとなる。

ところで、七三年二月に日本が変動為替相場制に移行したことによって、右の調整インフレ論か、輸入インフレ論かの論争は断ち切れとなり、円相場の引き上げを認めるべきかどうかの議論も自然と消えていった。

しかし、変動相場制の現実は、新開教授が予想したような国際収支の均衡状況を生み出すものではなく、ドルは乱高下しつつも、減価していった。また、目まぐるしく為替相場が変わり、日本企業は為替相場に振り回されるようになった。

一九八五年九月に開始されたプラザ戦略は、変動相場制によって国際収支や外国為替相場の問題を解決できないために、先進諸国が国家の力に物を言わせて外国為替市場に介入し、外国為替相場（特に円相場）を強制的に変更する戦略であった。その戦略に、日本政府は安易に乗ってしまった。

三　スタグフレーション

成長の限界

スタグフレーションとは、不況とインフレーションが同時に発生する現象である。そのため、stagnation（不況）とinflation（インフレーション）という二つの言葉を合成して、stagflation（スタグフレーション）という言葉が生み出された。

図4-1のように、一九七四年には、実質GNPがマイナス〇・八％に低下したが、消費者物価は二四・四％の上昇となった。通常では、景気は良い時には物価が上昇し、景気が悪い時には物価が下落する。ところが、この七〇年代から八〇年にかけては、このような現象が生じた。

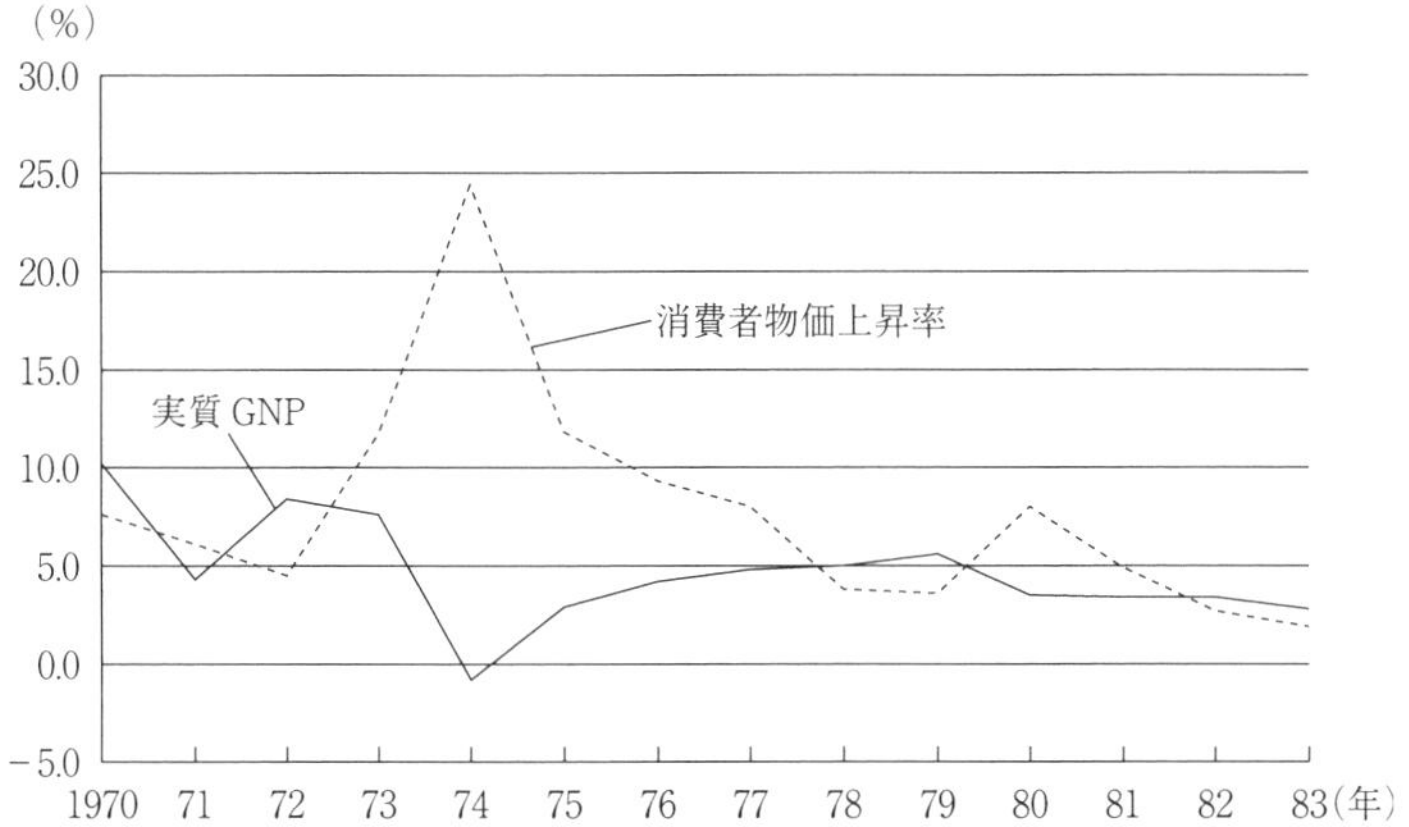

(注)　消費者物価指数は1980年＝100.
(出所)　経済企画庁『国民経済計算年報』1993年版，総務庁『消費者物価指数年報』.

図4-1　スタグフレーションの状況

日本経済は、二〇年近く高度経済成長を続け、七〇年代初頭には景気が過熱しきっていた。そこへ、七一年八月にドルと金との交換停止の措置がとられ、ドルの減価が世界的に進行した。ドル表示の国際商品価格が上昇したが、特に原油価格が暴騰した。そのため、石油関連商品のビニール製品や洗剤などが暴騰した。また、米、大豆なども、買い占めなどが行われ、高騰した。

七四年二月には、前年比で、消費者物価が約二六％、卸売物価が三七・〇％という高い上昇率となった。この数値は、総合の消費者物価であり、生活用品についてはもっと高い上昇率であり、国民生活を強く圧迫した。狂乱物価と呼ばれ、メーデーでも、物価値上げ反対が最大の課題となった。

スタグフレーションのやっかいなところは、金融政策によって、一挙に解決できないことである。すなわち、インフレを抑制しようとして金融を引き締めると不況が激化し、景気を回復させようとして金融緩和をするとインフレが激化してしまうのである。

政府は、七三年五月に同年度上期の公共事業を六割に抑えることを決定し、総需要抑制策を実施してインフレの鎮静化を目指した。同年七月に「生活関連物資の買い占め及び売り惜しみ対する緊急措置に関する法律」、一二月に「国民生活安定緊急措置法」と「石油需給適正化法」を施行した（石油関連二法）。

しかし、インフレはなかなか鎮静化しなかった。一一月には、ガソリンスタンドの休日の休業が開始され、その後長く続くことになる。また、一二月に入ると、大阪・京都などのタクシー業界が七五％の運賃値上げを申請し、続いて東京でも約七七％の値上げ申請が行われた。公共料金も引き上げられた。

日銀の金融引き締めや右のような政府の措置によって、個人消費、民間設備投資、公的支出のすべてがマイナスとなり、高度経済成長が終焉した。こうして、スタグフレーションが発生した。このスタグフレーションは七〇年代半ば過ぎに収まった。しかし、七九年に第二次オイル・ショックが起きると、再びスタグフレーションが発現した。ただし、第二次オイル・ショックは、原油引価格の引き上げ率が第一次オイル・ショックほど大きくなかったので、その衝撃は七四年前後ほど大きくはなかった。

日銀は、インフレを鎮静化させることを優先させた。七三年四月に公定歩合を四・二五％から五

％に引き上げ、さらに五月、七月、八月と引き締めを続け、一二月二二日には過去最高の九％まで引き上げた。そして、七五年四月までその水準を維持し、その後物価動向に合わせて、小刻みに引き下げていった。

当時のスタグフレーションは、ドルの著しい減価によって原油等の資源価格が暴騰した点で、ニクソン・ショックと密接に関連していた。他方で、当時の先進諸国が経済成長を最優先としており、資源の利用の仕方が限界に近づいていたという側面も見落とせない。

七二年に、ローマ・クラブ（政治家・財界関係者・学者等の国際的任意団体）が『成長の限界』という報告書を公表して、資源は有限であり、やがて枯渇することを警告した。そこには、「世界環境の量的限界と行き過ぎた成長による悲劇的結末を認識することは、人間の行動、さらには現在の社会の全体的構造を根本的に変えるような新しい形の思考をはじめるために不可欠のものである[10]」等の見解がまとめられている。この報告書は、世界的反響を呼び、発売から一週間でアメリカでは二万冊が売り切れ、オランダでも同期間に一万冊が売り切れたという。ローマ・クラブの報告書を契機に、資源が有限だという認識が高まり、原油産出国が強気になったことは否めないであろう。

日本企業は、オイル・ショックと円高を省エネ技術、マイクロ・エレクトロニクスの技術開発によって乗り切った。半導体・自動車産業等で世界を席巻した。表４‐８にみられるように、七一年八月のニクソン・ショックや七三年二月の変動相場制への移行による円高にもかかわらず、日本企

表4-8 円相場と貿易収支

（単位：円，億ドル）

年末	円相場	輸出額	貿易収支
1971	314.75	236	78
72	301.10	280	90
73	280.00	363	37
74	300.94	545	14
75	305.15	547	50
76	293.00	660	99
77	240.00	793	173
78	195.10	956	246
79	239.90	1,012	19
80	203.60	1,267	21
81	220.25	1,495	200
82	235.30	1,377	181
83	232.00	1,455	315
84	251.58	1,683	443
85	200.60	1,740	560

（注） 円相場はインターバンク相場の終値．
（出所） 日本銀行『経済統計年報』，同『国際収支月報』．

業は輸出を拡大することができた。七三年と七四年に貿易収支が激減しているのは、輸出の減少によるもではなく、第一次オイル・ショックによって、原油を中心とする天然資源等の輸入金額が激増したことによるものである。七九年と八〇年の貿易収支の悪化も、第二次オイル・ショックによるものである。

アメリカのレーガン大統領は、アメリカがベトナム戦争で敗退し、ドルの凋落が鮮明となるなかで、アメリカの復権を目指して、レーガノミクス（レーガン大統領の経済政策）を実施した。強いドルを目指して、高金利政策を行った。また、消費を拡大するために減税を実施した。しかし、ドル高政策は、表4-8にみられるように、八〇年代前半の円相場を円安に誘導した。右のような強みを持つ日本企業は、この円安の状況において、過去にない金額の対米貿易黒字を稼ぐようになった。これに業を煮やしたアメリカの財界と政府は日本に集中的な攻撃を仕掛けてきたのである。

注

(1) 昭和ニュース事典編纂委員会『昭和ニュース事典』第八巻、毎日コミュニケーションズ、一九九四年、九四頁。
(2) 日本銀行『日本銀行百年史』第五巻、一七～一八頁。
(3) 鈴木武雄『金融緊急措置令とドッジ・ライン』声明会出版部、一九七〇年、一〇一～一三三頁。
(4) 日本銀行、前掲書、一〇三頁。
(5) 高須賀義博『現代日本の物価問題』新評論、一九七二年。
(6) 鈴木淑夫『日本の金融政策』岩波新書、一九九三年、三八頁。
(7) 高須賀義博「調整インフレーションを見直せ」『エコノミスト』一九七二年九月一九日号。
(8) 川口弘『調整インフレ論』の検討」『経済セミナー』一九七二年一二月号、六ページ。
(9) 新開陽一「輸入されたインフレーション」『経済評論』一九七〇年八月号。
(10) ドネラ・H・メドウス他著、大来佐武郎監訳『成長の限界』ダイヤモンド社、一九七二年、一七八頁。

第5章
デフレ論争

先進諸国の中では日本だけが、長期のデフレに苦しめられている。この長期デフレを巡って論争が展開されている。そこで、本章では、平成デフレーションの理解を深めるために、この論争について焦点を絞って検討する。

第一に、伊藤隆敏教授らが提唱したインフレ・ターゲティングを巡る論争があるので、この問題について検討する。

第二に、デフレの要因やその克服を巡る論争がある。リフレ派と反リフレ派との論争が重要な論点となっているので、この両者の主張について検討する。

実は、これらの二つの論争は互いに関連している。最大の焦点は、日銀が日銀券を大量に増発した場合に、物価の下落が停止して、デフレが解決されるか否かという点にある。

なお、論争の検討に入る前に、必要な基礎知識として、現代の通貨の種類と流通量について、簡単な説明を行う。

一　現代の通貨

貨幣から離れられない経済

人類は、初めのうちは、物々交換をしていた。しかし、必要とする交換相手を見つけることは容易いことではないので、交換専用の第三の物を生み出した。それが貨幣である。今日、博物館で見られるように、石、貝殻、金属など様々な物が利用された。この第三の物は、誰もが喜んで受け取り、交換する物と等しい価値を持つ物（等価物）であることが最適であり、しかも長期にわたって価値を保存できる必要がある。この条件を最もよく満たす物質は、希少価値があり、ピカピカ輝いて誰もが魅了される金（gold）を除いて他にはない。それゆえ、「金は生まれながらにして貨幣である」と言われる。

金貨は古くから使われていたが、それを本位貨幣とした近代的貨幣制度が金本位制である。ところが、最も優れた金属である金にも、欠点が一つだけある。それは、柔らかくて、摩耗しやすいことである。摩耗すれば価値が減ってしまう。そのため、金貨の日常的な使用は想定せず、金と交換できる兌換紙幣（兌換銀行券）を大量に発行し、必要な場合には、発券銀行がそれを金（または金貨）に交換する制度にした。しかし、この制度のもとでは、発券銀行は兌換紙幣と金との交換を約束しているので、自らが保有する金量と無関係に紙幣を発行することはできない。つまり、金本位制度においては、十分な金量を保有していないと、国民経済に必要な量だけ、通貨を発行できないという欠点があった。

そのため、第一次大戦において、アメリカは軍事費を十分に賄うために金兌換を停止し、金本位制から一時離脱した。これに倣って、他の交戦国も金本位制から離脱した。日本は直接の交戦国ではなかったが、金本位制から離脱した。欧米列強は、第一次大戦に勝利すると、金本位制に復帰し、金本位制が国際的に再建された。

第三章でみたように、欧米列強に近づいたばかりの日本の指導者たちは、とにかく欧米に倣って、金本位制に復帰しなければならないと考えた。これが金解禁を急ぐ誤りにつながった。

おカネに執着する者は「カネの亡者」と言われる。そのためか、日本では、善良な人々の間で、おカネにかかわることを敬遠したり、おカネの管理は他人に任そうとしたりする風潮がある。しかし、市場経済が続く限り、人間はおカネから解放されない。個人においては、収入と支出の管理が必要である。

国家となると、収入と支出の管理は当然だが、国内的・国際的におカネをどのように管理していくのかという重要問題から解放されない。金解禁は昔の問題で、現在は関係ないと思われている。また、ニクソン・ショックやプラザ戦略は、いまや歴史的出来事であり、関係ないと思っている人々が少なくない。

だが、ニクソン・ショックやプラザ戦略は、形が違うだけで、金解禁が内包した外為問題（通貨問題）に関連している。日本は、資源が乏しく、陸地の狭い島国であり、海底資源を考慮したとしても、貿易を通じて経済成長を実現し、国民生活の向上を図るしか道はない。貿易には外国為替が使われる。企業の技術力が優れていても、国家の通貨管理がダメでは、日本企業はやっていけない。政府や日銀の要人は、過去の失敗に学んで、このことを十分に認識する必要がある。

貿易を通じて急成長を実現してきた中国当局はこのことをよく知っている。高度成長の末期を迎え、経済の著しい減速に直面して、二〇一五年八月には、中国の通貨である元の基準値を連続して切り下げ、元安誘導を行った。これは、中国の輸出の拡大と国内経済の復調を狙ったものであり、中国は独立国としての権利を行使した。

現金とそれ以外の通貨

日本国内で流通している通貨の量は、日本銀行が発行した紙幣（日本銀行券）と日本国（財務省）が発行した硬貨の合計（現金）であるとみられていることが多い。また、これ以外に電子マネーが流通しているという人もいる。通貨の種類や流通量について特定しておかないと、議論が混乱するので、次のような事例を考えてみよう（図5-1）。

いまAという人が一〇〇〇万円をX銀行に預金したとする。すると、AはこのX銀行の口座に一〇〇〇万円の預金を持つことになる。この銀行は預金を預かると「預金準備」（「支払い準備」ともいう）として一定の割合（預金準備率＝支払準備率）だけ日銀に預金しなければならない。いま、

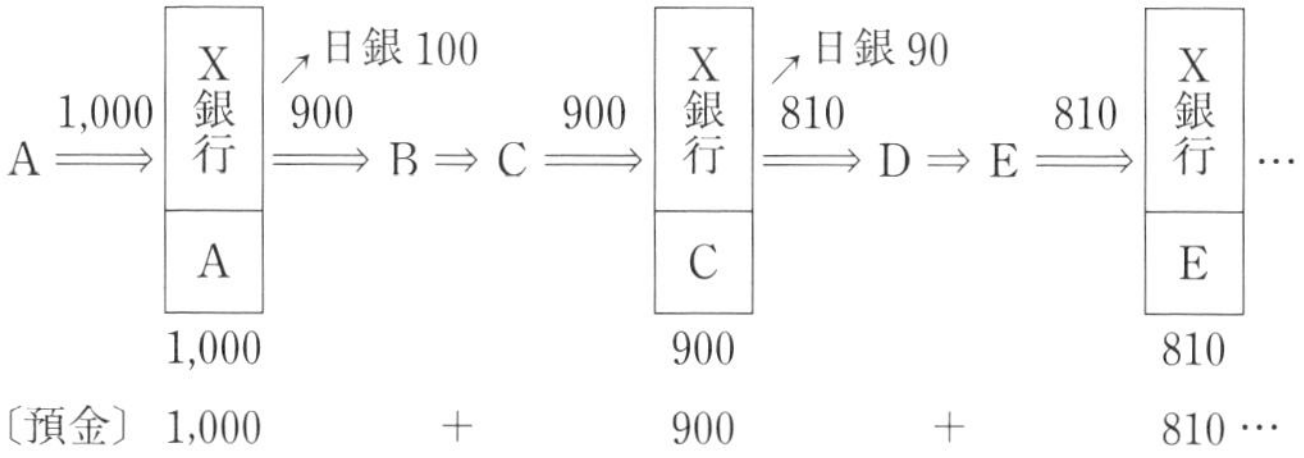

図5-1　信用創造の仕組み

預金準備率が一〇%だと仮定すると、一〇〇万円を日銀に預けなければならない。残りの九〇〇万円は貸し出すことができるので、Bに九〇〇万円を貸し出す。Bはこの九〇〇万円をCに支払い、Cは使う予定がないので九〇〇万円をX銀行（別の銀行でもよい）に預金する。すると、CはX銀行の口座に九〇〇万円の預金を持つ。この銀行は預金準備として九〇万円を日銀に預け、八一〇万円をDに貸し出す。Dは八一〇万円をEに支払い、Eはしばらく使わないのでこれをX銀行に預金し、その銀行口座に八一〇万円の預金を持つという関係ができる。そして、その後も同様のことが繰り返される。

　このように、預金・貸出の行為が繰り返されることによって新たに預金が生み出されていくことを信用創造という。これらの預金は、A、CおよびEのそれぞれの預金者が自らの預金を引き出して使ったり、公共料金の支払いのために振り替えたりして、通貨として使用できる。それゆえ、預金通貨と言われる。すなわち、流通している通貨としては、「現金通貨」と「預金通貨」がある。

　預金通貨は、通帳やATMの画面を通じてその金額を見ることができるが、預金通貨の外形や色彩を見ることはできない。なぜなら、日本銀行券のように、紙やインクなどの物質を用いて製造された物ではないからである。だから、一般に認知されにくいのである。しかしながら、「見えない物でも存在する」のである。ここに現代の通貨のポイントがある。

さて、右の事例で、最初に預けられた現金は一〇〇〇万円であるが、この一〇〇〇万円の現金から生み出された預金の合計（A・C・Eの預金合計）は二七一〇万円に増加している。つまり、一七一〇万円だけ通貨が増大している。景気が好いと、右の預金・貸出の連鎖がどんどん続いていって、通貨の量がますます増大していく。しかし、やがて限界がくる。そのため、最初の預金から最終的に創造されうる預金総額には限度がある。この預金総額の限度は次式によって算定される。

$$預金総額 = 最初の元金 \times \frac{1}{預金準備率}$$

この例では、預金・貸出の連鎖が最後まで続いた場合、右の式によって計算すると、一億円まで預金が増加していくことになる。しかし、現実には、預金・貸出の連鎖は景気の状況等に左右され、ある段階で預金・貸出の連鎖が中断され、預金の創造は終わってしまう。つまり、市場で流通する通貨量は発行された現金（紙幣や硬貨）の量よりも多いのが一般的であるが、どれだけ多くなるかは景気に左右され、その時々で変動している。

日本では、従来、現金に銀行預金（定期預金・譲渡性預金を含む）を加えた金額はM2＋CDと呼ばれ、マネーサプライ（貨幣供給量）を表す代表的なものとされてきた。しかし、最近は、M3が代表的指標とされている（第六章第二節参照）。なお、日銀券は、預金通貨を創造する基礎となるので、マネタリーベース（ベースマネーまたはハイパワード・マネー）と呼ばれている。

電子マネーについては、プリペイド式のものは、使用するよりも前に現金を端末に挿入して使用するので、現金を使用することに等しい。また、クレジット・カード式のものは、使用した金額が銀行預金から引き落とされるので、預金通貨の使用ということになる。そのため、通貨の量は、右に説明した数量となるのである。なお、ビット・コインはここでは捨象している。

二　インフレ・ターゲティング論争

インフレ・ターゲティング政策

「インフレ・ターゲティング」という言葉は、一見すると、インフレを目指して金融政策を行うようなイメージがあり、刺激的である。そのため、伊藤隆敏教授は、物価上昇目標政策と呼んだ方がよいと述べている。

このインフレ・ターゲティング政策は、一九三〇年代にスウェーデンの中央銀行であるリクス銀行がデフレを防ぐために採用した政策と考え方が類似している(1)。近年では、一九九〇年三月にニュージーランドが物価上昇目標を〇～三％として採用した。これを契機に、九一年二月にカナダ（上昇目標一～三％）、九二年一〇月にイギリス（上昇目標二・五％）、九三年一月にスウェーデン（上昇目標二％±一％）、同年四月にオーストラリア（上昇目標二～三％）といった国々が同政策を採用するに至った。

伊藤教授は、デフレ克服のために、物価上昇目標を設定し、それに向けて金融政策を行うことが必要であると、次のように主張した。

「年間の物価上昇率を『一パーセントから三パーセントの範囲内』といった数値目標として定め、中央銀行は、その目標を達成するように金融政策を行うと宣言すること[2]」。

また、伊藤教授は、そのための具体的手段として、日本銀行が長期国債の大量購入のほか、株価指数連動型の投資信託、不動産投資信託（ＲＥＩＴ）の購入も行う必要があると指摘した[3]。

このような視点から、伊藤教授を中心に、深尾光洋・星岳雄教授が発起人となり、二〇〇一年一〇月五日に「日本の金融システム再建のための緊急提言」を公表した。その主な内容は、デフレを阻止するため、日銀がインフレ・ターゲティング（数値目標の例として、生鮮食料品を除く消費者物価上昇率一～三％）を導入し、長期国債、上場株式投信、不動産投資信託を大量購入することであった。賛同者として、伊藤元重、奥野正寛、櫻川昌哉、清水啓典、林文夫教授らが名を連ねた。

しかし、この提言は、日本銀行には受け入れられなかった。また、二〇〇八年三月、民主党は伊藤隆敏教授の日銀副総裁への就任を拒否してしまった。

第二次安倍内閣のもとで就任した黒田東彦日銀総裁は、異次元の金融緩和を行って、デフレの緩和に貢献した。この黒田総裁の異次元の金融緩和の政策は、まさしく伊藤教授らが提言したインフレ目標政策（インフレ・ターゲティング）そのものである。

バーナンキ（FRB前議長）も、二〇〇三年五月の日本金融学会での講演で、「デフレを収束させて日本経済の再スタートを支援するために、従来とは異なったアプローチをして、日本銀行が一時的に政府と協力して金融および財政の一体的な金融緩和の環境を作り上げること」を提案した。また、そのために「日銀は自らが設けたルール――たとえば、バランスシート上の長期国債額を発行した日銀券の流通残高以下に抑えるという非公式ルール――を撤廃する必要がある」と指摘している(4)。

日本では、経済や金融の学界は、医学や法律の学界のように認知度が高くないのか、あまり重視されない状況がある。二〇〇二年、あるいはその三年後でも、政府や日銀がこの政策を実施していれば、日本経済の被害ははるかに少なかったであろう。

日銀によるインフレ・ターゲティング反対論

速水優日銀総裁は、二〇〇〇年三月の講演で、インフレ・ターゲティングに触れて次のように述べている。

「（インフレ・ターゲティングは――引用者）①インフレ目標値を設定し、②その中長期的な達成を目指して政策運営を行う、③判断の根拠となる経済見通しの公表など対外説明を充実させる、というのが基本的な要素です。」「現段階では、この枠組みを日本で採用しようとすると、なかなか難しい問題が多いように思います。」[5]

要するに、二〇〇〇年三月の段階で、速水総裁はインフレ・ターゲティングを導入する考えのないことを表明している。その根拠としては、同総裁が「日本では、物価という面に限れば、たいへん安定した状況が続いています」と述べているところから、デフレ対策として物価上昇目標の政策は必要ないと考えていたと思われる。

また、二〇〇三年二月の講演では、次のように主張している。

「インフレーション・ターゲティングを日本経済の直面する問題の有効な解決策であるとする議論は、次のような点で適当ではありません。

第一に……物価の下落が最大の問題であって、物価の下落さえ止めれば事態が改善するという議論は、原因と結果を取り違えた議論であると思います。……

第二に、インフレーション・ターゲティングは、本来『金融政策の透明性を高める枠組み』であります。現在日本で聞かれる議論は、これを『デフレ克服の手段』と位置づけている点で問題があります[6]」。

そして、これに続く形で、「現時点でインフレーション・ターゲティングの採用は適切でないというのが私の考えです[7]」と述べ、インフレーション・ターゲティングの導入を拒否した。

また、デフレについて、二〇〇〇年三月の講演では、次のような見解を示している。

「技術革新によるコストの低下が持続するような場合には、景気が順調に回復していくかぎり、統計上のインフレ率がマイナスだからといって、これを『デフレ』とみなすのは不適当です[8]」。

第三章でみたように、日銀は、戦後の大部分の期間にわたって、インフレとの戦いを続けていた。それゆえ、物価が上がっていないからといって、わざわざインフレを引き起こす必要はないと考えていたと思われる。外国為替相場に関する視点は、置き去りにされていた。

白川方明《まさあき》日銀総裁も、デフレに関する認識が甘かった。白川総裁は、「デフレを『一般物価の継続的な下落』と定義するならば、一九九八年以降の日本は『デフレ』を経験した[9]」と述べて、一応日本経済が九八年以降デフレに陥ったことを認めている。しかし、デフレ・スパイラルは生じなかったとして、次のように言い切っている。

「量的緩和政策が採用された二〇〇一年初めの時点では、物価下落と景気後退の悪循環、すなわち『デフレ・スパイラル』の発生が強く懸念された。その後の展開をみると、日本経済は厳しい調整を余儀なくされたが、幸いデフレ・スパイラルは発生しなかった(10)。」

第一章と第二章でみたように、平成デフレにおいて、日本国民は長期の物価下落と景気後退の悪循環に苦しめられた。にもかかわらず、デフレ・スパイラルが生じなかったという白川総裁の認識は、庶民感覚から遠くかけ離れているというほかはない。白川総裁においても、インフレ・ターゲティングは採用されなかった。

三　デフレ論争

リフレ派の主張

浜田宏一教授を中心とする、岩田規久男・原田泰・若田部昌澄教授らはリフレ政策の導入を強調しており、「リフレ派」と称されている。一般に、リフレ政策とは、不況時に金融緩和や財政支出の拡大によって景気回復を図る政策のことをいうが、リフレ派は特に金融政策を重視しているところに特徴がある。

原田教授は、リフレ派の金融理論を次のように説明している。「金融政策とは、日本銀行が直接コントロールできるお金、すなわち、マネタリーベースの量をコントロールすることである」[11]。金融政策によってマネタリーベースを増大させることで、経済全体のおカネの量が過剰になって、資産・財・サービスに対する超過需要が表れる。具体的には、株価の上昇や通貨下落という現象が表れる。また、マネタリーベースの上昇は予想インフレ率を上昇させて、実質金利を引き下げるので、投資や消費が刺激されて、物価が上昇する。物価が上昇すると、実質賃金が低下して、労働需要が増えて雇用が拡大する。やがて賃金も増大し、消費も拡大する[12]。

『アメリカは日本経済の復活を知っている』（講談社）の著者の浜田宏一教授も、原田教授と同じく日銀の通貨増発によってデフレの解消を行うことを主張している。ただし、浜田教授は、日銀が大胆な金融緩和を行うことによって、円相場の下落をもたらし、円高で衰退させられた日本企業を復活させ、デフレを解消することができるという点を鮮明に打ち出しているところに特徴がある。

浜田教授は、次のように主張している。

①「日本のデフレと円高は、日本銀行が二〇〇六年の量的緩和政策解除以来、一貫してデフレ志向の金融政策を続けた結果だ[13]」。

②「円高政策は弱い企業をいじめる政策である。経済の空洞化を推し進める政策であるのはもちろん、地方切り捨ての政策でもある。空洞化の流れで、企業が海外に移転しても、東京のヘッド・クォーターは残る。結果、工場があった地方は疲弊する。東京は超円高に耐えられても、地方はそうはいかないのである[14]。」

③「いま国民生活に多大な苦しみをもたらしているのは、デフレと円高である。デフレは、円という通貨の財に対する相対価格、円高は外国通貨に対する相対価格――つまり貨幣的な問題なのである。

したがって、それはもっぱら金融政策で解消できるものであり、また金融政策で対処するのが日本銀行の責務である(15)」。

なお、浜田教授は、「金融政策は、ただ量だけで効くのではない」、「『期待』を通じての効果が大きい」と指摘している(16)。

反リフレ派の反論

リフレ派に疑問を呈する人々を「反リフレ派」と呼ぶことにする。リフレ派に対する批判は少なくないが、最も包括的に反論しているのは、『デフレーション』(日本経済新聞出版社)を著した吉川洋教授である。そこで、同書における吉川教授の主張をみよう。

二〇〇二年一二月一三日、諮問会議で、内閣府経済社会総合研究所の浜田宏一所長が「デフレ、株価下落、円レート」と題するペーパーを提出して、プレゼンテーションを行った。そのペーパーには、次のように記されていた。

「一般物価水準は、サービスと貨幣の交換比率であるので、デフレ(一般的な物価下落)は貨幣的現象である。」

「したがって、金融政策によって国民に使用可能な貨幣のアベイラビリティを増やすことと、国民の貨幣保蔵の傾向を防止することが必要となる[17]」。

吉川教授はさらに続ける。浜田教授は具体的内容としてインフレ・ターゲティングを提案した。同教授は、デフレは貨幣的現象であるから、日銀がマネーサプライを増やせば改善するという経済学者の代表である[18]。浜田見解に対して、小宮隆太郎教授から反論がなされている。

『『ゼロ金利』下では、超過準備は基本的に必要のないものである。それにもかかわらず民間銀行が超過準備を保有するのは、それを有利に使うことができる資金運用対象がなく、そのコスト（機会費用）もゼロだからである。そのような状況で日銀が超過準備を増やすようにMB（マネタリーベース――引用者）を供給しても、格別の変化は起こらないはずである[19]」。

吉川教授は、小宮見解に賛成し、「デフレの時代が始まった一九九〇年代中ごろからは、マネーサプライとCPI（消費者物価指数――引用者）の動きは大きく乖離している。とくに、HM（ハイパワード・マネー――引用者）とCPIの間の関係はほとんどない」と反論している[20]。

また、貨幣数量説を検討した後で、吉川教授は、「一般物価水準、したがってデフレは貨幣数量によって決まる、という考え方は退けるほかない、というのが筆者の考えだ」と述べている。[21]なお、貨幣数量説は、アービング・フィッシャーによって、次式のように定式化されている（ただし、Mを貨幣数量、Vを貨幣の流通速度、Pを物価、Qを商品取引量とする）。

$$MV = PQ$$

これを変形すると、次式となる。

$$P = \frac{MV}{Q}$$

すなわち、物価（P）は、商品の取引量（Q）と貨幣の流通速度（V）が一定のとき、貨幣量（M）によって決まるという関係が成立する。ただし、この式は恒等式であり、因果関係を示すものではない。すなわち、右の式だけに依拠して、現実の物価の水準を特定することはできない。なぜならば、現実には、時間の経過とともに、商品の取引量や貨幣の流通速度が変化するので、変数（特にV）を特定するのが困難だからである。

また、吉川教授は、リフレ派に別の疑問も投げかけている。株価や一次産品などと違って、「普通のモノやサービスの価格や賃金の決定においては、『期待』が入り込む余地はほとんどない」[22]。リフレ派は、物価や賃金の水準が人々の「期待」（「予想」ともいう）によって影響を受けると考えており、この点を批判している。

吉川教授は、日本のデフレについて次のように指摘している。下がりにくいといわれる名目賃金が下落しているのは先進国では日本だけである。名目賃金が下落し始めたのは、アジア通貨危機、北海道拓殖銀行・日本長期信用銀行などが破綻した金融危機によって日本経済がマイナス成長に陥った年である。この名目賃金の低下がデフレを定着させた。名目賃金は「デフレ期待」によって下がったのではない(23)。

吉川教授は、最近の経済学について、以下のように批判している。代表的な企業や家計を想定して最適化を図ったモデルは現実には適合していない。しかも、ミクロとマクロを机上で混合している。「企業や家計の最適化から始めるマクロ・モデルは、経済学者の自己満足以外には何ら意味を持たない、政策の根拠になどまったくならないものなのだ(24)」。

野口悠紀雄『金融緩和で日本は破綻する』(ダイヤモンド社)も反リフレ派に属する。野口教授は次のように主張している。

「『デフレスパイラル論』(価格が下がるから企業の利益が減少し、賃金が下がる。それが消費需要を減少させ、さらに価格を下げる)は間違いだ。

……製造業では、価格の下落による利益の減少に対応して、賃金を引き下げたのではなく、直接に雇用を減少させたのだ(25)。」

「必要なのは『デフレからの脱却』ではなく、『所得低下からの脱却』である。……これを実現するには、新しい産業の創出が必要だ。金融政策でできることではない(26)」。

浜田教授らのリフレ派は金融政策によってデフレは解決できると主張しているので、金融政策ではデフレは解決できないという野口教授の主張は真っ向から対立している。野口教授は、最も重要なことは経営者の革新努力であり、政府は参入規制や古い産業の補助を除去することが必要であるとしている(27)。

四　論争の評価

インフレ・ターゲティングの評価

インフレ・ターゲティングの考え方は、外国において、インフレ対策としても、デフレ対策としても、利用されてきた。日本の場合は、伊藤隆敏教授らが、二〇〇一年一〇月に、デフレ対策としてインフレ・ターゲティングを提言した。具体的手段としては、日銀が国債や投資信託を大量に買い入れて、マネタリーベースを大幅に増大させ、物価の上昇を図るものであった。もしこの政策によって物価が上昇するならば、デフレは解消される。いうまでもないが、デフレは物価が下落する現象だからである。

これに対して、日銀は、すでにゼロ金利政策や量的緩和政策を実施しており、これ以上、金融緩和を行う必要はないとして、インフレ・ターゲティングの採用を拒否した。

では、仮に二〇〇二年からでも、日銀がインフレ・ターゲティング政策を導入していたとすれば、物価の上昇が起きて、デフレが解消したであろうか。筆者は、通貨の増発という要因が物価に直接的に作用して物価上昇が生じたとは思わない。第一章や第二章でみてきたように、バブルの反動、金融恐慌、急激な円高によって、多数の企業の倒産が続き、失業者が激増するなかで、雇用情勢が極端に悪化し、勤労者の給与の低下が生じていた。そのため、当然の結果として、個人消費支出が減少しており、日銀券が金融市場に放出されても、国民の消費支出を増大させたとは考えられないからである。また、企業においても、バブル崩壊によって設備は過剰となっていたし、消費が減少する状況においては、設備投資のための資金の借り入れは行わなかったであろう。

それゆえ、インフレ・ターゲティングによって、マネタリーベースが増加しても、信用創造の連鎖があまり続かず、マネーサプライ自体があまり伸びなかったであろう。そして、物価を直接的にはほとんど上昇させなかったであろう。

しかしながら、筆者は、それでも、インフレ・ターゲティングを採用すべきであったと考える。それは、インフレ・ターゲティングには、別の効果があるからである（実は、以前に、筆者もこの効果を見落としていたときがあり、反省している）。すなわち、インフレ・ターゲティング政策は、それを導入した国の通貨の価値を引き下げる効果がある。日本は、プラザ戦略を契機に異常な円高に苦しめられてきた。このような時に、主要国を含めた諸国がインフレ・ターゲティングを導入したため、円相場はさらに上昇してしまった。

日本銀行が、このことを考慮して、インフレ・ターゲティングを導入している諸国と類似の物価上昇目標を設定していれば、平成デフレはもっと軽微かつ短期で終わった可能性がある。日本が経験したような急激な円高がなければ、日本企業の海外脱出はこれほどまでに激しくなかったであろう。日本に工場を置いて製品の製造を行い、輸出を続けられれば、雇用環境もあれほどまでに悪化することは免れたであろう。

そのような環境が維持できていれば、物価上昇は顕著ではないにせよ、若干の上昇とはなったであろう。平成デフレーションの場合、昭和デフレーションのような極端な物価の暴落は起きなかった。しかし、長期の下落傾向が続き、生産、雇用、消費の悪循環が持続し、日本経済を大きく衰退させてしまったのである。

日銀は、物価安定絶対主義を貫いてきた。バブルの時には、物価が安定しているという理由から、バブルが膨張しているにもかかわらず、日銀は金融の引き締めを長期にわたって実施しなかった。また、平成デフレでは、日本経済はデフレ・スパイラルに陥っていないという認識に立って、インフレ・ターゲティングによる大胆な通貨増発を拒否してきた。

一九九八年四月から、新日本銀行法が施行され、日本銀行の独立性が強化された。日銀は、アンタッチャブルな存在であるかのようにふるまった。日本経済が窮地に陥っても、小手先の政策でやり過ごした。新日本銀行法の第四条では、「日本銀行は、その行う通貨及び金融の調節が経済政策の一環をなすものであることを踏まえ、それが政府の経済政策の基本方針と整合的なものとなるように常に政府と連絡を密にし、十分な意思疎通を図らなければならない」と定められている。しかし、実際には、日銀はそのようには行動しなかった。

歴史的には、政治的理由から政府が金融を膨張させる傾向にあるので、中央銀行の独立性の強化が図られてきた。しかし、新日銀法に定められた日銀の独立性は、あまりにも強すぎた。黒田日銀総裁は、適切な対応をとっているが、日銀法の改正が必要であろう。

ところが、二〇一二年一月二五日、ＦＲＢの連邦公開市場委員会（ＦＯＭＣ）が二％のインフレ目標政策を実施することを決定した。すると、間もなく白川日銀総裁も類似の政策を発表した。これまでの頑強な日銀のスタンスをどう説明するのか。

白川総裁は、東京大学経済学部において浜田教授の教え子であった。浜田教授によれば、日銀総裁になってから、変わったという。民主党政権によって日銀総裁に任命されたために、民主党寄りに日銀を運営していたのかもしれない。そして、アメリカのＦＲＢがインフレ・ターゲティングを導入し、安倍政権が成立したために、スタンスを変えたのかもしれない。その意味では、空気を読むエリートだったというべきであろうか。経済学部に学んだ総裁であったが、国民経済を厳しい方向に導いてしまった。

なお、念のために付け加えておくと、インフレ・ターゲティングの導入によって物価があまり上昇しなかったとしても、日銀を責めるには及ばない。中央銀行のスタンスが重要なのである。中央銀行の態度は、市場に対する大きなアナウンス効果を有するからである。

リフレ派の評価

リフレ派が、通貨を増発しさえすれば物価上昇が起きて、デフレは解消すると主張するならば、この点については事実と異なるであろうと言うほかはない。

吉川教授が指摘しているように、平時においては、商品の価格の決定は通貨の量によっては決定されていない。したがって、日銀が日銀券を増発すれば、ストレートに物価が上昇するわけではない。諸商品の実際の価格は、コスト、利益率、他社との競争、売上量など多様な要素を考慮して決められ、時として変更もされる。

また、リフレ派の主張とは異なるが、アベノミクスによって、日銀券が大幅に増発されると、ハイパー・インフレーションが発生するという批判がなされたが、単なる憶測にすぎない。低廉なアジア製品が大量に輸入され、国内の生産設備は余っている。ハイパー・インフレーションが起きる条件がない。事実、アベノミクスが二年以上続けられても、クリーピング・インフレーション（第四章第二節参照）すら生じていない。

しかしながら、リフレ派が主張している大胆な金融緩和がデフレの克服に役立つという側面はある。これは、浜田教授が強調している点が重要である。浜田教授は、「日銀の政策の最大の問題点は、日本の空洞化を促進する政策である」と述べている。[28] 要するに、日銀の金融緩和が少なく、また金融緩和の姿勢が弱いために、急激な円高となった。特に、リーマン・ショック以降、円はドルに対して三〇%も高くなり、韓国のウォンはドルに対して三〇%も安くなったので、日本製品は韓国製品との競争で六〇%もハンディを背負った旨を述べている。エルピーダ・メモリの破綻も根因もここにあるとしている。

したがって、日銀が大胆な金融緩和を実施するならば、日本企業の競争力が回復し、デフレの解消につながるという点が重要である。浜田教授のこの主張は、まさしく正鵠を射たものである。

なお、為替切り下げ競争が第二次世界大戦の原因であるかのような言説があるが、事実に反している。すでにみたように、第一次大戦後に日本政府は金解禁を行って金本位制に復帰しようとしていた。関東大震災や昭和金融恐慌によって金解禁が遅れたが、三〇年一月に浜口雄幸内閣が金解禁を行い、三一年一二月の金輸出再禁止までそれを維持した。金本位制に復帰することは円の為替相場を切り上げることであり、日本政府は為替切り上げ政策をとっていたのである。

ところが、金解禁の最中の三一年九月に、関東軍は柳条湖の満州鉄道線路爆破事件を起こし、奉天・長春など満鉄沿線の主要都市で軍事行動をとり、司令部を旅順から奉天に移し、戦時体制に入った。この満州事変が一四年間にわたる戦争の始まりとなった。

歴史的には、イギリス・オランダ・フランスなどの欧州諸国も植民地を作ってきた。二〇世紀初頭には、まだ植民地政策の名残があった。日本は、日清戦争や日露戦争の勝利によって、権益を獲得しており、軍部だけでなく国民のなかにも戦争に期待する雰囲気があった。昭和初期の日本経済は疲弊していた。そこに、浜口内閣が金解禁を行ったために、日本経済はどん底まで落ちた。特に、農村が疲弊し、満州（現・中国東北部）に活路を求めた。これは、中国からみれば、日本による侵略である。ドイツの場合も、為替切り下げ競争によって侵略を行ったのではなく、第一次大戦の敗戦とその後の大インフレーションによる国民経済の荒廃がナチス政権を誕生させ、第二次大戦に突入していくことになった。為替切り下げ競争が第二次大戦を引き起こしたという見解は疑わしい。

現在、中国などは為替管理を行っているが、日本などのＩＭＦ八条国は為替管理ができない。しかし、現在の変動為替相場制において、各国の金融政策によって為替相場が変動することまで禁止されていない。というよりも、現在の変動為替相場制は、各国の金融政策が自動的に為替相場に影響するシステムなのである。先進諸国はこのような制度を選択しているのだから、不可避なことなのである。日銀が金融政策による為替相場の影響を懸念して、大胆な金融緩和を行ってこなかったとすれば、国際社会からは歓迎されるかもしれないが、日本国民を犠牲にした政策運営を行ったと言うほかはない。

野口教授は、日本経済はデフレ・スパイラルに陥っておらず、製造業が賃金ではなく雇用を減らしたので、全体の所得が減少してデフレが続いていると主張している。そして、生産性の高い分野で雇用を増やせばデフレは解決されると述べている。しかし、製造業の正規社員の賃金も減少した。また、非正規雇用の採用によって、賃金コストの削減が行われている。

超円高のもとで日本企業の輸出競争力は大きく落ち込んでいる。まず、これを解決して、日本経済を立て直すことが必要である。そのために、筆者は、野口説とは反対に、世界的な水準の金融緩和を行うべきだと考える。当然、技術革新や新たな産業の創出も必要であり、このことを否定する者はいない。

また、野口教授は、金融緩和と為替レート減価のエンドレスゲームが続き、世界経済は不安定な時代に入ってきていると指摘している　たしかに、世界経済が低迷し、いろいろな国が金融緩和を行うと、通貨の膨張を惹き起し、金融市場が不安定になるという問題は否定できない。しかし、国内経済のことを考えると、物価上昇目標を極端に高くできないので、エンドレスゲームとはならないであろう。

世界は、これまで通貨システムを改善しながら経済の発展を実現してきた。そこには、競争があり、戦略に失敗して大きな痛手も負う国もある。日本がそうであった。アメリカは、新たな戦略を生み出して、これからも世界をリードするであろう。

日本政府は、日本全体の舵取りを行う機関であるので、さまざまな課題を抱える世界において、嵐の中で遭難しないように十分な調査研究と行動を行うことが求められている。

注

（1） Jonung, Lars, "Knut Wicksell's Norm of Price Stabilization and Swedish Monetary Policy in the

1930's." *Journal of Monetary Economics*, vol. 5, No. 4, 1979, pp. 480-481.

（2）伊藤隆敏『インフレ・ターゲティング』日本経済新聞社、二〇〇一年、一〇頁。

（3）同右書、七三～七七頁。

（4）バーナンキ著、高橋洋一訳『リフレと金融政策』日本経済新聞社、二〇〇四年、一三四頁。なお、バーナンキ前議長らは、インフレ目標は年一～三％が適当だろうと述べている。Bernanke, Ben S., Thomas Laubach, Frederic S. Mishkin and Adam S. Posen, *Inflation Targeting: Lessons from the International Experience*, 1999, p. 30.

（5）速水優『中央銀行の独立性と金融政策』東洋経済新報社、二〇〇四年、一六〇頁。

（6）同右書、三一一頁。

（7）同右書、三一四頁。

（8）同右書、一六二～一六三頁。

（9）白川方明『現代の金融政策――理論と実際』日本経済新聞出版社、二〇〇八年、三七二頁。

（10）同右書、三七一頁。

（11）原田泰『日本を救ったリフレ派経済学』日本経済新聞出版社、二〇一四年、九〇頁。

（12）同右書、九一～九二頁。

（13）浜田宏一『アメリカは日本経済の復活を知っている』講談社、二〇一三年、四八頁。

（14）同右書、三七頁。

（15）同右書、二六～二七頁。

（16）同右書、二八頁。

（17）吉川洋『デフレーション』日本経済新聞出版社、二〇一三年、二七頁。

(18) 同右書、二七〜二九頁。この浜田提案に対して、日銀の速水総裁が、金利はゼロで、不良債権も多いなかで、「インフレ・ターゲティングの採用は、政府や日銀にとって無謀な賭けになり、両者への信任低下だけに終わりかねない」と反論したという。
(19) 小宮隆太郎・日本経済研究センター編『金融政策論議の争点――日銀批判とその反論』二〇〇二年、日本経済新聞社、二六九頁。
(20) 吉川、前掲書、一一八〜一一九頁。
(21) 同右書、一五〇頁。
(22) 同右書、二一六頁。
(23) 同右書、一七四〜二一二頁。
(24) 同右書、二二〇頁。
(25) 野口悠紀雄『金融緩和で日本は破綻する』二〇一三年、ダイヤモンド社、一三四頁。
(26) 同右書、一三四〜一三五頁。
(27) 同右書、一三五頁。
(28) 浜田、前掲書、七二頁。

第6章
アベノミクス

この章では、平成デフレからの脱却を目指しているアベノミクスについて検討する。アベノミクスの基本的枠組みは、リフレ派の浜田宏一教授の構想に立脚していると考えられる。

アベノミクスは三本の政策から成っているが、最も注目されるのは「大胆な金融緩和」である。即効力があり、デフレ現象に効果的な政策だからである。この大胆な金融緩和は、高進しすぎた超円高を是正し、破壊された日本の産業構造を再建する条件を生み出した。

この政策を続ける間に日本企業の競争力を回復させ、第三の政策である新たな成長戦略を実現していくことが、デフレからの完全な離脱と日本経済の持続的な成長の実現につながる。

また、アベノミクスが立脚するリフレ派の理論にも疑問の点がある。アベノミクスがデフレに効力を発揮しているのかどうか、またどのように効いているのか検討する。

一　アベノミクスの登場

政治不信を増幅させた民主党政権

バブル崩壊後、日本経済は低迷が続いて「失われた二〇年」となり、自民党政権に対する不満が高まっていた。そこに、民主党が高速道路の無料化、ガソリン税の暫定税率の撤廃、高校の授業料の無償化など国民に期待を抱かせるマニフェスト（政権公約）を発表して、マニフェスト選挙を展開した。支持母体の労働組合だけでなく、無党派層も取り込んで、二〇〇九年八月三〇日の衆議院選挙で民主党が圧勝した。こうして、社民党との連立政権が成立した。

ところが、同年九月一六日に政権の座に就いた鳩山由紀夫首相は、沖縄の普天間基地の移設問題で迷走を重ねた。オバマ大統領に「トラスト・ミー」と言った言葉は有名になった。しかし、国内外で鳩山首相に対する信頼は地に落ちていった。翌二〇一〇年五月三〇日には、社民党が政権から離脱した。

同年六月八日、菅直人内閣が成立した。菅首相は、マニフェストに掲げていない消費税への言及を行って不信を招いた。七月一一日の参議院選挙で、民主党は惨敗した。また、尖閣諸島沖での中国漁船衝突事件を巡る対応などで、支持率を低下させた。さらに、二〇一一年三月の東日本大震災では、原子炉のメルトダウンが目前に迫っていたのに、ヘリコプターで現地視察をするなど、国の最高責任者として不適切な対応をした。原子力発電所の爆発は、一国の問題ではない。国の内外で信頼を失った。

一一年九月二日、野田佳彦《よしひこ》内閣が発足した。参議院において少数与党という状況のもとで、野田首相は、自公との協調路線を志向した。一二年八月一〇日、自公民が協調して消費増税法を成立させた。しかし、マニフェストで公約していない重要法案を成立させたことは、民主党内においても混乱を生みだした。また、同年九月に尖閣諸島を国有化したことは、中国の反日デモを激化させ、日系企業が焼き討ちにあうという事態を招来した。

一二年一一月一四日、野田首相は、党首討論会の席で、衆議院を解散することを表明し、二日後の一六日に解散した。三年間の民主党政権は国民の政治不信をいっそう増幅させた。『日本経済新聞』は、「未熟な政権運営は民意の離反を招き、衆参両院のねじれを生んで自らの首を絞めた」と論評している（二〇一二年一一月一八日付）。

アベノミクス

自民党の安倍晋三総裁は、「責任ある政治」、「大胆な金融緩和」（物価上昇率目標二％の設定）等を前面に出して選挙戦を闘った。二〇一二年一二月一六日の衆議院選挙で、安倍自民党が圧勝して、政権を民主党から奪還した。しかも、自公民で議席の三分の二を確保した。

一二月二六日夜、第二次安倍内閣が発足した。安倍首相は、記者会見で、「危機突破内閣」を組織したことを表明し、全閣僚に「経済再生」、「東日本大震災からの復興」、「危機管理」の三点に取り組むよう指示した。第一次安倍内閣（〇六年九月～〇七年九月。改造含む）があっけなく幕を閉じたので、第二次安倍内閣も長続きしないだろうという憶測もあったが、安倍首相が表明したことは時代の要請でもあった。

三〇歳の若者が言っていた。「私は、好景気というものを経験したことがない。不況ばかり見てきた」。その通りである。普通は、景気循環があって、好況と不況が繰り返される。ところが、日本では、二〇年以上も、好況が訪れていないのだ。

そこに、三つの政策（「三本の矢」）を盛り込んだアベノミクスを引っ提げて安倍首相が登場した。安倍首相の経済政策に国民の期待が集まった。これまでの首相が遠慮していた言葉を口にした。「大胆な金融緩和」「物価上昇目標」を実現することをアピールしたのである。従来、日銀の領域に踏み込むことは、アンタッチャブルなことであった。これは、投資の世界に衝撃をもたらした。選挙の前から、株価が上昇し始めた。

衆議院選挙で圧勝し、安倍首相は積極的に動いた。翌一三年一月二二日、政府と日銀が共同声明を発表した。そこには、政府と日銀がデフレ脱却に向けて連携を強化し、日銀が物価上昇目標二％をできるだけ早期に実現することが明記されていた。このような共同文書は画期的なことであり、政府と日銀とがデフレ脱却に本気で取り組む姿勢を示した。この共同声明は強力なインパクトがあった。国内投資家だけなく、海外投資家も日本の政治の変化に反応して、日本市場への投資を拡大したため、東京株式市場が勢いづいてきた。

アベノミクスは、三本の矢、すなわち「大胆な金融緩和」、「機動的な財政出動」、「民間投資を喚起する成長戦略」によって構成された政策である。しかし、早期に効果を上げうるのは、第一の矢である大胆な金融緩和である。大胆な金融緩和を突破口としてデフレ脱却を目指すところにアベノミクスの真骨頂があると言える。浜田宏一教授（内閣官房参与）が安倍首相の経済政策ブレーンとなっており、アベノミクスは浜田教授の構想に裏付けられているものと考えられる。

日銀総裁の変貌

第二次安倍内閣が誕生して、安倍首相が物価上昇目標の設定を強調すると、白川方明日銀総裁は、態度を変えて、インフレ目標政策を容認するようになった。その結果、二〇一四年一月二二日の政府と日銀との共同声明が発表された。

二月五日夜、白川総裁は記者会見を開いて、副総裁の任期が終了する三月一九日に合わせて辞任することを表明し、三月末の任期終了を待たずして辞任した。新総裁と新副総裁が同時に就任できるためであり、政府の圧力によるものでなく、自分の判断だと述べた。しかし、従来の日銀の方針とまったく異なる方針を容認したのだから、居心地は良くなかったと推察される。

三月二一日に黒田東彦・日銀総裁が就任した。黒田総裁は、四月四日の金融政策決定会合において、二年程度の期間で二％の物価上昇目標を実現し、そのために異次元の大胆な量的・質的金融緩和を行うことを決定した。長期国債および上場投資信託を大量に購入して、マネタリーベース（日銀券発行高＋貨幣流通高＋日銀当座預金）を増大させる方針を示した。具体的には、株式投資信託（ETF）を年間約一兆円、不動産投資信託（REIT）を年間約三〇〇億円増加するように買い入れ、マネタリーベースを年間六〇～七〇兆円増大させることを表明した。さらに、このような異次元の金融緩和を行うにあたってネックとなる「銀行券ルール」（長期国債の残高は銀行券発行残高を上限とするというもの）を一時停止することも決めた。

黒田総裁は、四月一九日閉幕した二〇か国・地域財務相・中央銀行総裁会議で、日銀の金融緩和策について脱デフレが目的であることを説明し、理解を得た。しかし、信頼できる中長期財政政策を策定することを指摘された。

従来、政府与党の働きかけも弱かったが、日銀のほうに大きな問題があった。ニーアル・ファーガソン教授は、中央銀行の役割を巡る理論も、歴史的に変化しており、日本のこの度の停滞を歴史的教訓として、「中銀の独立の危険性」について顧慮すべきだと指摘している。(1)

また、ポール・クルーグマン教授も、「人々は七〇年代の物価高騰を前提に中銀の役割を考えがち。今はデフレの三〇年代と似て中銀の厳格な姿勢が有害だ」(2)と、物価安定絶対主義に固執することを批判している。

従来の日銀総裁は頑迷で、物価安定絶対主義であった。黒田総裁に替わってから、日銀の方針は完全に変貌した。平成デフレでは、日銀の金融政策が大きな原因の一つであった。ファーガソン教

表6-1　異次元金融緩和の初年度実績

	政策の運営方針	年間実績
マネタリーベース	年間約60～70兆円増	73.8兆円増
長期国債	年間約50兆円増	62.8兆円増
ETF	年間約1兆円増	1.3兆円増
REIT	年間約300億円増	280億円増

（注）　2013年3月末と2014年3月末の残高比較.
（出所）『日本経済新聞』2014年4月11日付.

授やクルーグマン教授が指摘しているように、中央銀行のあり方を再検討すべきときにきている。

二　異次元の金融緩和

マネタリーベースの膨張

異次元金融緩和の初年度の実績はどの程度であったであろうか。マネタリーベースは、表6-1に示されるように、この一年間で七三・八兆円増加した。これは、日銀が長期国債を市場で六二・八兆円購入したことが大きく寄与している。金融政策決定会合では、長期国債の購入額を六〇～七〇兆円としているので、やや多めに購入をしている。また、ETFを一・三兆円、REITを二八〇億円購入しており、これによってもマネタリーベースが増加した。ETFの購入方針は年間約一兆円、REITは年間約三〇〇億円であるので、前者はやや多め、後者はやや少なめの購入である。全体として、概ね、方針通りの異次元の金融緩和がなされたと言ってよい。

日銀は、これまで、株式相場が大きく下落したときに、株式投資信託

表6-2　日銀の国債・投資信託の買入れ状況

（単位：億円，％）

年末	長期国債	増加率	ETF	増加率	REIT	増加率
2011	632,308		8,291		645	
2012	651,003	3.0	14,688	77.2	1,108	71.8
2013	1,416,008	117.5	24,973	70.0	1,401	26.4
2014	2,017,676	42.5	38,458	54.0	1,778	26.9

（出所）　日本銀行.

を購入していたが、年央以降には、比較的小幅な株価の下落でも購入しているという(3)。日銀の長期国債の買い入れは、一四年も続き、同年末には残高が約二〇二兆円に膨張し、一二年末の約三倍になった（表6-2）。また、ETFの買い入れも続き、一四年末に約三・八兆円に増加し、一二末の二・六倍となった。REITの買い入れも続き、一三年、一四年とも二六％の増加となった。REITの購入は地価の回復をもたらした。このように、黒田総裁は、約束どおりの金融政策を実行している。

その結果、マネタリーベースも同様に、大幅な伸びとなった（表6-3）。一三末年に、マネタリーベースが約一九三兆円に増大し、前年比で約六一兆円の増加となった。増加率は、四六・六％であり、一二年の増加率一一・八％を大幅に上回った。一四年末には、約七四兆円増加し、上昇率は三八・二％であった。一二年末に約一三二兆円であったマネタリーベースが一四年末には約二六七兆円となり、二年間で、一三五兆円も増大した。二年間で二倍以上になっており、猛烈なペースでマネタリーベースが増加した。

表 6-3　マネタリーベース・マネーサプライ・物価の推移

（単位：億円，%）

年	マネタリーベース	増加率	日本銀行券	増加率	マネーサプライ (M3)	消費者物価上昇率
2009	972,143	5.2	781,778		2.2	−1.5
2010	1,040,238	7.0	797,052	2.0	1.8	−0.8
2011	1,180,195	13.5	815,720	2.3	2.6	−0.3
2012	1,319,837	11.8	838,665	2.8	2.2	0.0
2013	1,934,594	46.6	870,015	3.7	3.4	0.5
2014	2,674,016	38.2	901,074	3.6	2.9	3.4

（注）　マネタリーベースと日本銀行券は各年 12 月末平均残高.
（出所）　消費者物価は総務省，それ以外は日本銀行.

安定的推移の通貨供給量

他方、マネーサプライ（マネーストック、M3）はほとんど伸びていない。M3（現金・ゆうちょ銀行含む預貯金・定期預金・譲渡性預金など）の年間増加率は、一三年に三・四％、一四年末で二・九％と、マネタリーベースの伸びと比較して、格段に低い伸びにとどまった。二〇一二年の二・二％と比較しても、あまり差異がない。しかも、〇九年以降、ほぼ二～三％前後で安定している。すなわち、異次元の金融緩和によって、マネタリーベースを急激に増大させることができたが、それに伴って、マネーサプライを増加させることはできなかった。

　したがって、現在のところは、リフレ派やインフレ・ターゲティングを提案した論者が想定したように、マネタリーベースの増大がマネーサプライの顕著な増加をもたらすという状況にはなっていない。そして、異次元の金融緩和が二年間行われても、消費者物価の目立った上昇は見られない。大胆な金融緩和を実施すれば容易に物価が上昇するという主張は事実に適合していないということになる。

しかし、異次元の金融緩和が、円相場の下落や株価の上昇をもたらしたことは否定できない。円相場の上昇は、日本の産業の競争力の回復に貢献する。株価の上昇は、銀行や企業の利益を底上げし、財務内容の改善に役立っている。また、株式投資が活発化して、証券会社の収益も改善している。また、賃金や家計最終消費支出も微増傾向にあり、下落が止まった。民間設備投資も増加している。

その結果、名目GDPは一三年、一四年（速報値）とそれぞれ一％台の増加となった。企業の倒産や失業率が改善している。このように、異次元の金融緩和やアベノミクスが、実体経済の改善に貢献していることが確認できる。

かくして、アベノミクスが実施されれば、日本経済が破壊されるといった野党の批判、また安倍政権では制御不能なインフレが起きるといった批判は、当てはまらないということが明らかとなった。(4)

三　アベノミクスの評価

株価の上昇

民主党政権下で株価は低迷を続けた。しかし、二〇一二年一一月一四日に野田首相が辞任を表明すると、株価が上昇し始め、解散した一六日には九〇〇〇円台を回復した。選挙前の一二月一四日、九七三七円まで上昇し、選挙後の同月一九日には一万一六〇円と、一万円台を回復した。その年の大納会では一万三九五円まで上昇し、同年の最高値で引けた。そして、翌年も株価の上昇が継続した。第二次安倍内閣の成立によって株式市場の潮目が変わった。

安倍総裁は、選挙前から、デフレからの脱却を前面に打ち出し、物価を二％上昇させることを強調していた。民主党の人気は衰えていた。目ざとい外国人投資家が動いた。一二年一一月第二週から一七週連続で外国人投資家が買い越しており、その累計が五兆円を超えた。小泉郵政解散のときに、外国人投資家が二六週連続で買い越したが、その時の一七週の累計とほぼ同額になったという(5)。外国人投資家が日本株の買い越しを増大させ、株価の上昇に弾みが出てきた。

一三年五月二二日には一万五〇〇〇円を超え、乱高下はあったが、年末の一二月三〇日には一万六二九一円まで回復した。一年間で五七％の暴騰となった。上昇率としては、田中角栄首相の「列島改造ブーム」に沸いた一九七二年以来、四一年ぶりの記録となった。

一四年の株価は、アメリカの金利引き上げを材料に乱高下を繰り返した。しかし、一二月三〇日の大納会は一万七四五〇円まで上昇した。一三年末に比べて七％の上昇であり、年間でみると三年連続の上昇となった。

この年の一〇月三一日に黒田総裁が金融政策決定会合で、物価上昇が鈍化しているとして、年間の長期国債購入枠を三〇兆円増やして八〇兆円に拡大し、マネタリーベースを一〇～二〇兆円上乗せして年間八〇兆円とする金融緩和を決定した。意表を突く決定であり、株高と円安が急速に進行した。特に、外国人投資家の買いが目立った。一一月一三日には、東京証券取引所の一部上場の時価総額が二〇〇七年一二月以来七年ぶりに五〇〇兆円台を超え、約五〇三兆円となった。

なお、一四年一月、政府は、株式市場の活性化策として、少額投資非課税制度（ＮＩＳＡ《ニーサ》）を始めた。これは、一九九九年にイギリスで始められたＩＳＡ《アイサ》を参考に作られたもので、二〇二三年までとされている。ＮＩＳＡ口座を開設することによって、株式・投資信託などへの投資について、年に一〇〇万円、合計五〇〇万円までが非課税となる。同年三月末時点で一兆円超の投資が集まった（『日本経済新聞』二〇一四年六月二一日付）。

株高は一五年に入っても持続した。乱高下はあるが、海外からの資金流入が続くなかで、五月二二日には、一五年ぶりに二万円を回復した。アベノミクスによって、株価が上昇したことは明らかである。株価が上昇した背景には、円高是正によって、日本企業の業績が回復し、日本経済が成長軌道に戻るのではないかという期待が高まったからである。特に、売買高に占める割合が高くなっている外国人投資家の日本株への投資が増加したことが大きい。

ところで、日本では、株には手を出すなという家庭が多い。たしかに、株式投資を自分で行って利益を上げることは容易ではない。いまでは、パソコンがあれば、証券会社と契約したうえで、簡単に株式の売買ができるようになった。株式売買委託手数料も安価になった。しかし、株式投資の勉強と自己管理を徹底しないと大変なことにもなりかねない。「株式投資は恐怖との戦いである」

と言われることがあるが、当たっている面がある。相当の覚悟が必要であろう。自ら株式投資をしない人は、投資信託によって資産運用を行うことができる。しかし、これも手数料が安くはない。損失が出ても、手数料はしっかりと取られる。

とにかく、日本では、株価が上がっても恩恵がない、というのが世間の常識となっている。しかしながら、常識が正しいとも限らない。年金基金は、株式市場で資産運用を行っており、株価水準が上昇すれば、利益を出しやすく、年金給付の安定化、ひいては掛金の引き下げにもつながりうるのである。

銀行から資金の融資を受けると、利子を付けて返済しなければならない（間接金融）。しかし、株式会社が株式を株式市場に上場すれば、その際に集まる資金は返済しなくてもよい（直接金融）。だから、ほんのわずかな人数とパソコン何台かで始めた株式会社が、短期間のうちに世界一の大会社になることも可能なのである。株式市場が活性化していれば、株式の上場もしやすくなる。企業はつねに生まれ、消えていく。新しい企業が次々に育つ必要がある。株式市場の活性化は明らかに国民経済の成長につながるのである。

円高是正と貿易立国の再建

急激な円高が進行し、いまや日本は貿易赤字国に転落してしまった、と言うのはやや正確さに欠ける。日本の貿易赤字は、原発が停止したために、エネルギー資源の輸入が急増したことも影響している。しかし、少なくとも、急激な円高のために、日本は貿易で稼ぐ国ではなくなっていると言うことはできる。

アベノミクスが実施されると、円高の是正が徐々に進行した。二〇一二年末に一ドル＝八六円であった外国為替相場が、一四年末の三〇日には一〇五円台に下がり、一年間で一八％の下落率となった。下落率では三四年ぶりの記録となった。『日本経済新聞』は、「株高・円安が進んだ背景には、黒田東彦日銀総裁が打ち出した大規模な金融緩和や、安倍晋三首相が進める経済政策などの効果で、脱デフレが実現するとの期待がある」と報じている（二〇一三年一二月三一日付）。円相場の下落が続き、一四年一二月五日には一二一円まで円高が是正された。ここまで、円高是正が進めば、日本企業はかなり楽になる。

しかしながら、超円高のもとで日本企業の海外への脱出が激増して、貿易構造が変化したことと、一一年の東日本大震災による原発停止に伴う原油輸入の増加のために、貿易収支は一一年から赤字に転落した。特に、一三年は一二兆円を超える赤字となった（表6-4）。現状では、日本は貿易によって収益を得ることができなくなっている。経常収支も、〇五年には一八兆円超の黒字であったが、一三年にはその六分の一の三兆円に激減している。この黒字は、証券投資や利子を主とする所得収支によるものである。証券投資は国民経済にとっても大切である。しかしながら、従来、日本は証券投資中心の国ではなかった。国民の多くも日本が証券投資中心の国であるとは思っていないであろう。

表6-4　近年の国際収支の推移

（単位：億円）

年	経常収支	貿易収支	所得収支	
				証券投資収益
2005	182,973	76,930	114,200	86,480
06	199,141	73,460	138,111	105,558
07	249,341	98,253	164,670	122,515
08	166,618	18,899	161,234	113,278
09	137,356	21,249	127,742	87,922
10	178,879	65,646	124,149	89,930
11	95,507	−33,781	140,384	95,386
12	48,237	−83,041	142,723	93,960
13	32,343	−122,521	164,755	105,179

（出所）　財務省.

　このような状況は、早期に改善して、貿易においても、再び収益を得られる国にする必要がある。貿易立国の日本を復活させることが喫緊の課題となっている。そうなれば、雇用条件が改善され、デフレから完全に脱却できる。

　アベノミクスは、円高是正を実現しつつあり、貿易立国再建のための環境づくりに貢献している。一五年三月には、貿易収支が二年九か月ぶりに黒字となった。瀬戸市の陶磁器製造会社が再び輸出によって繁盛するようになり、他の地域の諸産業も輸出競争力の回復によって再生されることが望まれる。

経済成長・雇用・消費等の動向

　安倍政権が成立した当初は、アベノミクスによって経済成長力が早期に回復し、成長軌道に乗っていくのではないかという観測が多かった。二〇一三年には名目成長率が一％台に上向いた。しかし、前政権のときに成立した消費増税法によって、一四年四月には消費税が五%から八%に引き上げられた。この引き上げは、夏頃には影響が消えて、消費が回復し、経済成長が続くという見方が少なくなかった。特に、民間シンクタンクではこのような予想が多かった。

ところが、この消費税の引き上げは、経済の回復の大きな重荷となり、安倍政権にとって誤算となった。一四年末になっても、景況の改善は目立たない状態で推移した。その間に、アベノミクスへの期待はかなり萎んでしまった。黒田日銀総裁が、時々、市場を驚かせ、孤軍奮闘している姿が目立つようになった。

二〇年も続く長期デフレの結果、国民の懐具合は相当に悪くなっている。特に、地方は、大企業の分工場が閉鎖され、商店街はシャッター通りとなり、人口も減っている。学校の統合や閉鎖が相次ぎ、教職員の数も減少している。地方大学の衰退も甚だしく、給与の減り方も尋常ではない。デフレのときは、少しでも収入が減ると生活に大きく響く。消費税が一気に三%も引き上げられれば、庶民には甚大な影響が及ぶ。さらに、軽自動車税や介護保険の掛金なども引き上げられ、自由に使える金額はますます減少している。

それでも、雇用について良い状況がでている。雇用者数は、二〇一二年に五五〇四万人であったが、一三年、一四年と顕著な伸びを示し、一四年には五五九五万人に回復した。二年間で約九〇万人も増加した。また、完全失業率は、一〇年に五%台であったが、一三年には四%、一四年には三・六%に低下した(第二章・表2-2)。

これまで、「賃金を引き上げよ」と言うと、左派経済学者と思われ、受けは良くなかった。しかし、安倍首相は、首相としては珍しく、財界に賃金の引き上げを訴えた。大企業の賃金が上昇傾向を示している。これは良いニュースである。しかし、企業の大部分を占める中小企業の賃金が上昇して、消費が増大するかどうかが大きな問題である。

昭和恐慌のときも、大きな企業の正社員や国家公務員の給与は保障されていた。塗炭の苦しみを味わったのは庶民である。それが侵略戦争の背景の一つとなった。国民が豊かに暮らしていれば、当時においても、大部分の人々は日本での生活を選択したのではなかろうか。

異次元の金融緩和と物価の動向

黒田日銀総裁の異次元の金融緩和政策は、日本銀行が金融市場で長期国債、株式投資信託、不動産投資信託を大量に購入して、通貨の増加を図るものである。その結果、マネタリーベースが激増した。問題は、このマネタリーベースが信用創造（預金創造）を通じて、マネーサプライを増大させ、物価の上昇を生じさせることができるかどうかである。

先述したように、二〇一二年末のマネタリーベース残高は約一三二兆円であった。翌一三年末には、約一九三兆円に急増し、約六〇兆円増加した。一四年末には二六七兆円に激増し、二年間で倍増した。年間増加率も、一三年末に四六％台、一四年末に三八％台という大幅な伸びとなった。まさしく異次元の金融緩和と言うに値するものである。

ところが、日本銀行券の発行残高は、一三年末に三・七％、一四末年に三・六％という低い伸びであり、白川総裁のときの一二年末の二・八％と大差がない。通貨供給量（M３）も、一三年末に三・四％、一四末年に二・九％という低い伸びにとどまった。

このことは、日銀がマネタリーベースを激増させて、市中で流通する通貨量を激増させうる条件をつくりだしたが、実際には、市中で通貨があまり利用されなかったということを意味している。すなわち、商品の売買や商取引においてあまり通貨が多く使われず、預金創造（預金・貸出）の連鎖がそれほど拡大しなかったということである。

消費者物価をみると、一三年に〇・五％しか上昇しなかった。また、一四年には三・六％の上昇となったが、これは三％の消費税の引き上げを反映したものであり、正味の値上がりは〇・六％にすぎない。要するに、消費税の引き上げ分を考慮すると、消費者は消費行動をそれほど活発化させなかったということである。

個人の消費支出は一三年に一％台の増加があったが、消費者態度指数（一般世帯）によれば、消費行動に大きな変化は見られない。一三年一二月に四一・七に増加したが、一四年一二月は三九・三にとどまっている。これらは、一二年一二月の三九・九と大きな違いがなく、一四年はむしろ消費に消極的になっている（消費税引き上げが原因）。

これらのことを総合して判断すると、次の二点を確認することができる。第一に、異次元の金融緩和は、マネタリーベースを二年間で倍増するという大胆な金融緩和ではあったが、マネーサプライや日本銀行券を大幅に増大させなかった。第二に、マネタリーベースの極端な拡大は物価上昇に対してほとんど影響を及ぼさなかった。消費者物価が微増したのは、貨幣供給量が増加したためというよりは、株価の上昇や消費支出の増加など、他の要因が作用した可能性が高い。

アベノミクスに対する評価

それでは、アベノミクスや黒田日銀総裁の大胆な金融緩和政策が無効であったかというと、決してそういう結論にはならない。極端な円高是正と株式市場の再生に大いに貢献したと言うことができる。株価は、二万円台を回復したし、多くの企業の業績が改善した。さらに、二〇一四年一月の日銀の地域経済報告によれば、すべての地域（九地域）で景況判断が「回復」となった。これは、〇五年四月以降はじめてのことである。

また、金融庁によれば、〇二年三月末に四三兆円あった銀行の不良債権が、一三年九月末には、一一兆円まで減少した。景気と不動産市況の回復と株価の上昇が大きな要因と考えられる。

勤労者の平均給与も微増している。大企業では、夏や冬のボーナスが増額されたところが増えた。デパートの売り上げも改善に向かっている。新聞紙上で人手不足の記事が見られるようになった。平成不況が続いた日本では、これらのことは久しくなかったことである。

アベノミクスは、少なくとも、次の点で評価できる。第一に、大胆な金融緩和が極端な円高を是正することに貢献し、日本経済の再建の条件を作り出したことである。第二点は、大胆な金融緩和が株価の上昇をもたらし、銀行の財務内容を改善するとともに、企業や投資家の投資意欲を刺激したことである。この二つのことが進行していけば、生産と消費の拡大につながり、やがて安定成長に向かう可能性が高い。そうすれば、消費者物価も自ずと上昇していく。アベノミクスは、日本銀行を動かして、大胆な金融緩和を実行し、平成デフレーションの脱却のきっかけをつくった。

第二の矢である機動的財政政策と、第三の矢である成長戦略の政策は、他の内閣でも、打ち出すことができたであろう。また、すぐに使える特効薬でもない。第二の矢である財政政策は、財政赤字が巨大化している現状では、大規模にはできないであろう。

第三の矢は時間がかかるが、必要な政策である。特に民間の新産業を育成する環境整備について支援することが重要である。即戦力にはなりにくいが、将来の発展のための国家戦略として不可欠である。また、農業分野の改革が推進されつつある。以上が、アベノミクスに関する本書の評価である。

アベノミクスに対する評価は賛否両論ある。民主党をはじめ、多くの野党は批判的である。イデオロギー的な色彩の濃い批判も多々ある。旧大蔵省出身の野口悠紀雄教授はアベノミクスの批判に情熱を傾けている。『虚構のアベノミクス』（ダイヤモンド社）において、アベノミクスを次のように批判している。

「安倍晋三内閣の経済政策の本質は、資産価格のバブルを利用して、経済活動が好転しているような錯覚を人々に与えることだ。実態経済の構造を改革しようとするものではない。」[6]

この場合、資産価格とは、為替レート、株価、不動産価格、および国債価格であると述べている。しかし、為替レートを資産価格と定義することには疑問がある。為替レートは、外国為替相場のことであり、通常、ある国の通貨と他の国の通貨の交換比率の意味で用いられている。外国為替相場と呼ばれるのは、異種通貨交換の一般的手段として外国為替が使用されるからである。[7]

アベノミクスは資産価格のバブルを利用して、実体経済の改革を行おうとするものだという野口教授の主張は、先に述べた理由から、同意しがたい。

別の批判として、齊藤誠教授の批判をみよう。同教授は、日本のデフレは厳しい国際環境の反映であり、尋常でない金融政策（財政政策も）は後世にツケを残すものであり、インフレ目標（経済成長の目標も）の看板を降ろすべきだと批判している。[8]

齊藤教授の指摘するように、日本のデフレは国際貿易環境の悪化が大きな原因となっている。だが、それは、プラザ戦略の失敗と日銀の金融政策の失敗に起因している。プラザ戦略の失敗については、今ではどうすることもできない。しかし、大胆な金融緩和によって、これまでの日銀の金融政策の失敗を是正することはできる。そうすれば、国際貿易環境も改善に向かう。多数の国がインフレ目標政策を実施しているときに、その政策を止めるには及ばない。

また、日銀が長期国債等を市場で大量に購入して将来の世代にツケを回しているという批判についても、日本国債の大部分を日本人や日本の法人が購入している限り、当分は大きな問題は起きないと考えられる。ただ、筆者も永遠に異次元の金融緩和を続けるべきであるとは主張しない。デフレが解消され、日本経済が成長軌道に戻れば、慎重に金融政策の転換を図る必要はある。

財政赤字に対する批判は、齊藤教授に限らず多いが、筆者は財政赤字を絶対に後世に残してはいけないとは考えない。現在の赤字はたしかに多すぎるので他の先進国並みに削減する必要がある。しかし、一定額の赤字は容認されるべきである。財政を黒字にするためには、相当の増税が必要となる。税金が重くなれば、景気が悪化して、かえって財政再建が困難になる。

また、基本的な事項だが、国家財政は親・子・孫など複数の世代がかかわっている。現役世代は親の世代に育てられた。親世代への恩返しも必要であるし、現役世代の子どもたちも育てなければならない。その子どもたちが社会人になったら、いまの現役世代と同様のことをする必要がある。要するに、国家財政には、親の世代と子の世代の連鎖関係が存在している。また、国家財政が道路や港湾などに支出された場合、後世の人々もその道路や港湾などを利用できる。災害防止の事業に財政が支出された場合は、後世の人々も災害から守られる。「後世に借金を残さない」ということは美談である。また、残さずに済めば、それに越したことはない。しかし、厳しい日本の状況においては、性急な財政の均衡化は避けざるをえない。ただし、官僚機構にかかわる無駄などをなくし、財政赤字を減らすことは必要である。なお、金融市場の視点からみれば、一定規模の債券市場が必要であり、国債は重要な要素となっている。

他方、当然ながらアベノミクスを評価する見解もある。池尾和人『連続講義・デフレと経済政策』（日経BPマーケティング）は、少し異なった視点から、アベノミクスを評価している。

「安倍晋三政権発足後とりあえずの間の経済面での成果は、大方の予想を（たぶん政策担当者自身の予想をも）上回る大きなものであったと評価できる。(9)」

池尾教授の評価の理由は以下の二点である。①安倍政権の登場によって、民主党の揺れ動く不安定な政治から、将来を見通せる政権になったために、「政策の不確実性」は大きく減殺され、消費や設備投資が増加した。②安倍政権は環境が好転し始めたときにタイミングよく発足した。後者については、ヨーロッパの信用不安が小康状態となり、アメリカの景気も回復してきた点を挙げている。

かくして、池尾教授の右の評価においては、アベノミクスの三本の矢が成功したかどうかの基準ではなく、外部環境によってアベノミクスが成功しているという評価となっている。なお、株価については、野口教授とは反対に、池尾教授は「資産価格バブルが生じていると言える状況ではない」としている(10)（両教授の当該著書はともに二〇一三年七月の発行）。

アメリカなど外国では、アベノミクスを評価する専門家が少なくない。ジェフリー・サックス教授（コロンビア大学）は、「日本の政策は大きく前進した。特に大胆な金融政策は円安を通じて経済を刺激するはず」という鋭い指摘をしている。そして、「経済史の主要な推進力は技術革新や起業家精神、そして経済のミクロ構造だ[11]」と指摘している。妥当な見解である。

同じくアメリカの、アダム・ポーゼン所長（ピーターソン国際経済研究所）も、安倍首相の政策は合理的だと評価している。「日本はこれまで通貨戦争の犠牲者だった。人民元が過小評価されユーロ安が進むなか、円だけが急上昇した」。円高是正に関して、「今の状況なら日本の主張は正当だと思う」と述べている[12]。

安倍政権では、第三の矢が効果を発揮するように、身近なところからロードマップを作り、成長戦略の進化を図るとしている[13]。新技術による医療・製薬分野の発展は大いに期待されている。また、農業分野の発展も実現する必要がある。それに関連して、農協改革が前進しつつある。

ＴＰＰ（環太平洋戦略的経済連携協定）の交渉においても安倍政権は粘り強い交渉を行っている。ただし、ニュージーランドは、さらに明確に国益を前面に出した交渉を行っている。

安全保障法制

二〇一四年一一月一八日夜、突然に安倍首相が記者会見し、同月二一日に衆議院を解散することを表明した。理由は、①一五年一〇月予定の消費税一〇％への引き上げを一七年四月まで延長すること、②アベノミクスの成長戦略を前に進めること、これら二点について国民の判断を仰ぐというものであった。ここまで、アベノミクスは成功していた。安倍政権に敵うものはなかった。一二月一四日投票の選挙で、自公両党が勝利し、議席の三分の二を維持した。

ところが、第三次内閣では、安倍首相は、集団的自衛権の法制化に注力した。安倍首相は、二〇一二年一二月の選挙において、集団的自衛権の行使を可能とし、「国家安全保障基本法」を制定するという選挙公約を掲げていた。国民の関心は経済のアベノミクスに注がれていたために、安保法制の国会審議が進められると、一時安倍内閣支持率が不支持率よりも低下した。しかし、日本の将来にとって重要な問題であるので、各政党とも真剣に審議に臨むことが必要である。

『バブル・エコノミー』を著したクリストファー・ウッドがかつて言っていた。

「日本は石油をはじめとする多くの天然資源を買うために、輸出をしなくてはならない。また、それらの資源が輸送されてくる航路の安全をアメリカの軍事力に頼っている。日米関係で、切り札を持っているのは日本ではない(14)」。

ウッドが言うように、日本は日本の商船や日本の国土の防衛をアメリカ軍に依存している。それゆえ、プラザ戦略に入った後では、アメリカに勝てる可能性はほとんどなかった。プラザ戦略に入らずに、中国の経済的台頭を待てば、アメリカも日本を相手にしなくなったかもしれない。

いずれにしてもウッドの指摘の通りである。侵略戦争は決して行ってはならない。だが、かなり遠い将来においても、人間社会から紛争がなくなることは考えにくい。アジア諸国がユーロ諸国に近づくまでに、相当の時間が必要であろう。そのユーロ諸国でも紛争が起こるかもしれない。自国の船舶や国土を自国で守れない限り、真の経済的自立はない。しかし、小さな国では、単独で防衛することは難しい。共同できる諸国の間で、自国と世界の平和を維持していくことは、国民の生活と安全にとって不可欠なことである。

経済学や金融の理論も進化している。日本の政府や公的機関の金融理論は、世界の水準から遅れていた。昭和初期の時代から、そのために日本国民は辛酸をなめることとなった。国の安全や政治の論理も進化させないと、世界に後れをとってしまう。その結果は、国民に跳ね返る。

戦前の教訓として言えることは、文民統制（シビリアン・コントロール）の体制をしっかりと構築し、軍関係者による政治支配を生み出さないことが重要である。要人の警護を含め、「想定外の場合の想定」が必要である。

注

（1）『日本経済新聞』二〇一三年五月六日付。
（2）同右紙、二〇一三年三月二七日付。
（3）同右紙、二〇一四年四月一一日付。
（4）野口悠紀雄『金融緩和で日本は破綻する』ダイヤモンド社、二〇一三年。
（5）日本経済新聞社編『金融ニッポン市場再生への道』日本経済新聞出版社、二〇一三年、一四頁。
（6）野口悠紀雄『虚構のアベノミクス』ダイヤモンド社、二〇一三年、はしがき、ⅰ頁。

(7) 大阪市立大学経済学研究所『経済学辞典』(第二版) 岩波書店、一九七九年。
(8) 齊藤誠「『デフレ』の診断・処方箋誤る」『日本経済新聞』二〇一四年一二月九日付。
(9) 池尾和人『連続講義・デフレと経済政策』日経BPマーケティング、二〇一三年、二~三頁。
(10) 池尾、同右書、二~六頁。
(11)『日本経済新聞』二〇一三年五月三〇日付。
(12) 同右紙、二〇一三年一月一三日付。
(13) 内閣官房日本経済再生総合事務局編『日本再考戦略』経済産業調査会、二〇一三年八月。
(14) クリストファー・ウッド著、植山周一郎訳『バブル・エコノミー』共同通信社、一九九二年、三三頁。

終章
日本経済の再生に向けて

最後に、平成デフレの原因を改めて確認するとともに、平成デフレからの脱却の道について検討を行う。また、デフレ脱却を実現した後、どのような点に留意すべきかについて、過去を振り返って、その方向性について私見を記しておきたい。

一　平成デフレからの脱却

デフレの原因

平成デフレは、複数の原因によって発生し、長期化した。その主な原因は、本書で考察したように、次の三点である。①バブルの反動として、多数の金融機関や企業が破綻して、平成不況が発生したこと、②平成不況のなかで、設備の過剰、雇用の削減、賃金の引き下げが進行し、需要が減少したこと、③円高の高進によって、日本企業の海外への脱出が激増し、地方を中心に多数の工場が閉鎖され、全国的に雇用の悪化と消費の低迷が加速したことである。具体的には、次のような状況のなかでデフレが発生し、長期化した。

平成デフレの原因はバブル経済であり、その根因はプラザ戦略にあった。時の政府がプラザ戦略を推進し、日銀がそれに協力したために、日銀はバブルが膨張しても、金融緩和を続行した。日銀が金融引き締めを長期間実施しなかった根底には、物価安定至上主義の考え方があった。バブルが膨張し続けたにもかかわらず、物価が安定しているとして金融の引き締めを行わなかったのである。

その結果、株価や地価のバブルが膨張していった。多くの企業が必要以上に企業規模を拡大し、株式投機や不動産投機に乗り出した。大銀行を中心に金融機関が不動産業向け融資を膨張させた。

しかし、バブルは必ず崩壊する。一九九〇年に入って日本のバブルが崩壊した。まず、バブルに踊った企業が倒産した。さらに、一般企業の倒産が激増した。金融機関の融資が焦げ付き、不良債権が山積みとなった。九四年には、信用組合や信用金庫の一部が破綻し始めた。

九五年一月に阪神・淡路大震災が発生し、不況下の日本経済にさらに暗雲が立ち込めた。日本が苦境にあるときに、しばしば大きな災害がやってくる。八月末には、兵庫銀行が破綻し、ついに銀行にまで破綻の波が押し寄せた。また、この年は、住宅金融専門会社の不良債権が限界まできており、住専処理を巡って国会が大荒れとなった。しかし、政府や大蔵省は、銀行の不良債権を軽く見て、銀行をも含めた金融機関の早期抜本的処理のシステムを構築しなかった。

また、九五年四月には、一時、円相場が一ドル＝七九円台となる超円高となった。輸出企業が打撃を受け、特に中小企業の経営が悪化した。国内経済の混乱に超円高が重なって、不況が進行した。この九五年には、消費者物価が低下する平成デフレーションが発生する事態となった。

九七年末から九八年秋にかけて平成金融恐慌が発生し、三つの大銀行が破綻した。大銀行の破綻は、中小金融機関の破綻と異なり、日本経済に甚大な影響を及ぼした。経済成長率がマイナスに落ち込み、経済恐慌が発生した。その結果、九九年二月、日銀は短期金融市場の無担保翌日物のコールレートを年〇・一五％に引き下げ、ゼロ金利政策を実施した。

しかし、二〇〇〇年前後に先進諸国がインフレ・ターゲティング政策を開始したにもかかわらず、日銀はこの導入を拒否したため、デフレと重なって、円の価値が相対的に高く評価され、超円高が継続した。度重なる超円高の進行によって、日本企業の海外脱出にいっそう拍車がかかった。特に、二〇〇八年のリーマンショックと超円高は、規模の大小を問わず、多数の国内工場の閉鎖を呼び起こした。この頃には、日本を生産基地にして、輸出と輸入の好循環を図ってきた日本の戦後の生産構造が明確に変容してしまった。そこに、今度は東日本大震災が発生し、日本の貿易収支が赤字に転落した。日本は貿易で稼げる国ではなくなり、全国で雇用が減少し、家計収入の低下が家計消費を低迷させ、平成デフレが持続したのである。

貿易立国への復帰

バブルの反動と超円高によって、輸出・輸入を基軸とする戦後の経済成長構造が大きく変容せしめられた。現状では、外国への証券投資や外国からの利子収入などで日本の国際収支（経常収支）の黒字を維持する有様となった。

だから、円安にしても仕方がないという主張がある。しかしながら、そのような主張は現状追認主義の考え方であり、時の流れに身を任すようなものである。また、変調を来した日本経済の現状を変革しようという気概がみられない。

必要なことは、過去の政府や日銀の政策の失敗によって出現した現状を変更して、輸出・輸入の好循環の経済構造を再建することである。行き過ぎてしまった円高を是正し、日本の中で大企業や中小企業が生産活動を継続できて、地方の工場が繁盛し、雇用が回復するようにすることが大切である。

なお、外国為替相場は、外国為替市場において、通貨に対する需要と供給によって決まる。ある通貨に対する需要は、貿易等の実需だけでなく、思惑による需要の増減によっても影響を受ける。購買力平価説で算出された値に収斂《しゅうれん》するものでもない。超円高の是正を行うことは、第六章でみたように、外国の経済専門家も容認しているところである。日本経済からみた適正な円相場は、少なくとも標準的な中小企業が国内で無理なく生産活動のできる水準であり、日本の当局はこの水準の維持に努めるべきである。

労働・社会保障分野の改革

周知のように、日本の人口は減少傾向にある。また、高齢化が進行している。日本が成長軌道に戻ると、労働力の不足が生ずるのではないかということが懸念されている。それには、次のような労働制度の改革が求められる。

① 失業者が就業できるようにする必要がある。そのためには、キャリア・アップの支援を充実させることも必要である。

② 女性の就業人口を増加させることが望まれる。それには、保育所の拡充・整備が必要である。また、義務教育の段階から、男女の生徒に対して、女性の就業や家庭生活に関する教育を行うことが肝要がある。

③ 高齢者の雇用を促進することが必要である。年金制度の関連から、日本企業は六五歳定年制を採用している企業・団体が多い。しかし、年金制度ができた時代と比較すれば、平均寿命がはるかに延びている。就業可能人口の大部分は、戦後生まれとなっている。食糧事情も、医療も、戦前よりもはるかに向上している。能力があると判断される場合は、定年を延長するか、あるいは給与の減額割合を老齢基礎年金の支給額程度に抑えて、再雇用とすべきである。従来の常識から決別して、六五歳以上でも堂々と就業できるようにすべきである。高齢者の就業は、税収の増大や年金支給の削減につながる。

戦後、平等主義が広がって、格差を排除する考え方が支配的である。しかし、アメリカでは、そうではない。優れた大学教授には、高年齢でも研究教育が続けられる制度となっている。理系だけでなく、経済系でも、定年を考えて日本を去る優秀な教授がいる。官民ともに、悪しき平等主義を排して、人材や技術の流出を防止すべきである。

④　三人程度の子どもを育てられる環境を作る必要がある。そうすれば、人口の減少は食い止められる。終戦直後には、四人・五人の子どものいる家庭は少なくなかった。しかし、いまでは、就業構造が大きく変わり、農業人口が減少し、勤労世帯が増加している。また、教育水準が向上し、多くの教育費が必要となっている。成熟期に達した日本では、勤労者の給与は、今後大きな伸びが期待できない。少なくとも、日本国籍を有する家庭では、保育・幼稚園の費用、ならびに小・中・高校までは授業料（公立校の授業料程度の金額）を無償化することが必要である。

⑤　多様な就業形態を容認することが必要である。ただし、非正規就業者に対して、企業や国が現状よりもはるかに手厚い保障を行う制度を整備する必要がある。現状では、正規労働者は、年金・介護保険等の社会保険掛金の補助等において、非正規労働者よりもはるかに厚遇されている。それに対して、短時間・短期就労者などは、それらの保障がきわめて少ないか、まったくない。それでは、非正規労働者は結婚も難しいし、子どもも育てられない。人々の多様なニーズに応える働き方ができるように、労働制度を改革し、社会保障制度を改革すべきである。

農業分野の改革

農業人口の高齢化が進み、後継者が少なくなっている。しかし、農業は、人間生活に必要な食料を供給する部門であり、日常的な需要がある。しかし、個人で農業を営んで、収益を安定的に確保するのは、一部の人々を除き、困難である。だから、多くの若者が都会に行って他の職業に就こうとする。

幸いなことに、農業法人の設立が制度化された。しかし、規制が強く、株式会社の設立があまり進んでいない。株式会社の法人が多数設立されて、地方の若者が一般企業に近い賃金を得られるようにすれば、地方の人口流出は抑制され、地方経済の再生につながる。

農業技術が進化して、工場で生産できる農産物が増加しつつあり、農業の弱点であった天候による不確実性のリスクが軽減されつつある。とはいえ、天候等による経営の不安定要因は残るであろう。そのため、農業法人安定化基金のようなものを創設し、農業法人が普通のゴーイングコンサーン（継続企業）として存続できるように、経営の安定化を図る必要があろう。基金への出資は、参加企業の共同出資と公的機関の補助が適当と思われる。ただし、放漫経営による、モラルハザードは排除すべきである。

また、農業法人には、広い農地が必要である。高齢で農業ができない人、また農地の所有権だけ持っていて農業をしない人などについては、これらの人々が農業法人に農地を貸しやすいようにし、農地の利用を向上させることが必要である。このためには、農地についての考え方を改め、農地用の事業用定期借地権のような制度を設けることが望ましい。契約終了時には必ず農地で返還することとし、農地所有者の合意のもとに再契約を可とするような制度が適当と考えられる。ただし、農業を行う意思のある人々には、小規模であっても、農業を行うことが保証される必要がある。

日本の農業技術の開発は、アジア諸国の間では、長い歴史を持っており、優れた技術を開発している。アジア諸国の生活水準はさらに向上することが予測されており、日本の農産物の輸出は工業製品の輸出と同様に重要となっている。

農業を含め、いろいろな職種の人々が日本経済を支えている。自分に合っていて、自分が働き甲斐を実感できる職業が人を幸せにすると思われる。競争や諸条件があるので、希望がすぐに実現するとは限らない。キャリア・アップしたい人は、努力をして目標とする職種を目指せばよい。

この点では、職業観に関する教育が大切である。「人生いろいろ」と述べた小泉純一郎首相を野党議員が攻撃したことがあったが、まさしく人生はいろいろである。職業もいろいろである。一般企業に勤務する人々の他に、農業に従事する人々がいてこそ、日本経済は再生される。さらに、林業・漁業についても同様である。

道州制への移行

中心市街地活性化の政策では、中心市街地活性化基本計画が全国一律の基準で審査された。そのため、多くの基本計画が、特色のないものとなり、予算ばかりが投入され、活性化されたところは少ない。なお、この点では、郊外型大規模店舗の乱立を野放しにしている現行法制を改正することも重要である。

地方の活性化という点では、地方の人口の減少が予想され、地方の衰退が激しくなるなかで、道州制への転換が求められる。しかし、大阪都構想が住民投票によって否決されたことに見られるように、既得権益を守る勢力があり、あまり進んでいない。

道州制にして、財源の多くを道や州に移管し、道や州が責任ある運営を行えるように制度を改革する必要がある。そうすれば、幾分かは、地方の特色が出て、集団的に同じ動きをすることは少なくなるであろう。

ただし、数府県を一つの州にする場合、やはり州都が優位になる可能性が高い。したがって、ある限度内で、現在の府県が有する財政や施策に関する権限が保証されるべきである。また、各府県では、市町村の合併をさらに促進し、山間部まで安定的な行政サービスが行き渡るようにすべきである。日本では、市の人口が少ないところが多い。しかし議員は多すぎる。市町村民の財政負担を少なくし、財政の効率的運営を図ることが求められる。

二　日本の針路について

求められる科学的な政策決定

一九二九（昭和四）年一〇月、アメリカの大恐慌が発生している最中に、浜口雄幸内閣は金解禁実施の省令を公布し、翌年一月に実施した。第三章でみたように、金解禁は金本位制に復帰することを意味し、世界恐慌の最中に円の切り上げを行ったのである。その結果、日本経済は大打撃を蒙って、昭和恐慌に突入する結果となった。浜口首相と井上準之助蔵相がまったく誤った判断をしてしまった。しかも、よく研究すれば、早晩金本位制は維持できなくなり、世界が金本位制から離脱することが察知できたはずである。もう少し待てば、日本は金解禁の呪縛から解放され、金解禁を主張する者はいなくなったはずである。

金解禁を実施する前には、財界だけでなく、大部分の新聞や世論が、金解禁を当然のように支持していた。国民は、浜口首相の演説を信用したのかもしれない。浜口内閣の失政は、軍部の台頭を許す結果となった。これが、日本政府の通貨政策（外為政策）の最初の失敗である。

日本政府の外為政策に関する次の失敗はプラザ戦略であった。これは、中曽根内閣が断行したものであるが、これもアメリカの対日批判をもう少し辛抱強く凌げばよかった。当時、日本政府はアメリカの対日批判が経済戦争につながるとして慄《おのの》いていた。また、日本のエコノミストの中には、アメリカが破綻すると訴える者もいた。

プラザ戦略は、変動相場制に移行しても日米の貿易不均衡が解消されず、むしろ拡大したために、先進五か国が人為的にドル相場を下落させ、日独の外為相場、とりわけ円相場を高騰させる戦略であった。この戦略は、途中で先進七か国による戦略に拡張され、日本政府は円高が高進すると一転して抵抗したが、それは空しい抵抗であった。

しかし、中国が台頭すると、中国の対米黒字額は、問題となった日本の対米黒字額の何倍にも拡大した。しかし、今度は、アメリカは中国をあまり攻撃しなかった。日本は、忍耐強く待てば、急激かつ超円高の路線に乗せられずに済んだであろう。これが、日本政府による通貨政策の第二の失敗である。

日本政府は、真面目過ぎるのか、気が短いのか、辛抱強く交渉するということが不得意なようである。日本政府は、米英のしたたかな外交をもっと見倣うべきである。

日本の通貨政策の第三の失敗は、日本銀行の二〇〇〇年代の金融政策である。二〇〇〇年前後には、先進国がインフレ・ターゲティング政策を実施し始めた。中央銀行の金融政策は、その政策の内実もさることながら、そのアナウンス効果が市場に大きな影響を与えるものである。デフレ基調が長く続く日本で、どれだけ物価上昇目標が実現できるかは疑問な点もあったが、外為相場への影響を考えると、超円高に苦しんでいる日本経済の体力回復に大いに役立ったであろう。しかし、日銀は物価安定至上主義であるから、物価が上がらないことを最上の事と考え、インフレ・ターゲティング政策を拒否してしまった。日本政府は、これをどうすることもできなかった。日銀は、安倍晋三総理大臣が任命した黒田東彦日銀総裁になって、二〇一三年三月に、インフレ・ターゲティング政策を本格的に採用した。

通貨政策に関する政府の二つの失敗と日銀の一つの失敗は、いずれも金融理論の遅れに起因している。トップの能力が最も重要である。トップに立つ日銀総裁が優れているだけで、状況はまるで異なる。このことは黒田総裁が証明した。

しかしながら、制度としても金融政策の適正化を担保するために、日本銀行法の改正が必要である。金融政策の政策目標の指標として、物価の他に、経済成長率・株価変動・外為相場なども加える必要がある。また、日銀の独裁を避けるために、議会への高頻度の説明（例えば、二か月に一回）を義務づけるべきである。

なお、経済学の理論に関する問題では、吉川洋教授が指摘しているように、ここ三〇年ほどは、日本の正統派と言われる経済学では、非常に限定された条件のもとで、現実からかけ離れた概念を用いて数学的に導き出した結論が最もありがたいものと思われている。数学を利用することは悪いことではないが、先進諸国の専門家と渡り合える、もっと現実に対応できる政治経済学（ポリティカル・エコノミー）を大学の段階から教育することが必要である。

政府の判断については、その時に首相の座にある者が第一義的な権限を持っている。安倍首相は、経済学に関しては、専門家を使う能力に優れていると思われる。しかし、どの首相もそうであるわけではない。首相自身が高い見識を持たないと、国民が大変な目にあわされる。

また、選挙結果でみると、国民の多数がつねに正しい判断を下すとは限らない。野党第一党は、与党を追い落とせば、政権が回ってくるので、与党攻撃ばかりに心血を注いでいる感がある。現在の日本の衆参両院制度は、制度そのものが不安定さを内包しており、大統領制のほうが安定性に富んでいる。また、首相は、派閥の力関係などによって選ばれていて、真に能力のある人物が首相に選ばれることは少ない。すぐには、無理であろうが、将来においては大統領制も視野に入れるべきではないであろうか。

集団主義と権威主義からの脱却

日本は、個人も、団体も個性が尊重されない側面が強く、集団的に同じ方向に行動することが多い。バブルの時もそうであった。多くの金融機関が不動産投資に傾斜し、金融システムの大混乱を招き、平成不況や平成デフレを深刻化させた。バブルのときに、杜撰《ずさん》な不動産融資に対して、異を唱える銀行員もいた。しかし、そうした少数派は遠いところへ左遷されてしまった。大銀行の半数でも、不動産融資にのめり込むことを回避していれば、バブル崩壊後の日本経済の落ち込みはもっと軽微で済んだであろう。金融恐慌（銀行恐慌）の内実としては、昭和金融恐慌よりも平成金融恐慌のほうが本格的な恐慌であった。

全国の県庁のホームページをみると、大抵のところで、海外進出のアドバイスをする旨の案内がある。まるで、すべての都府県が話し合って、企業の海外進出を誘っているように見える。しかし、たとえば、「農業法人を設立するために、積極的な援助をします」といった案内がたくさんあってもよい。各府県は、それぞれの府県の特色に合ったユニークな計画や施策を実施すべきである。そして、国は注文を付けずに予算を回すべきである。

なお、日本社会は権威に弱いと思われる。いろいろな組織や団体で、権威主義が蔓延している。日銀が独立性を持っており、金融の権威的な機関だからといって、いつも正しいとは限らない。日銀は、バブルの最中にも、バブル崩壊後も、大きく間違った（バブル崩壊直後の金融引き締めも含む）。過去においては、政府の誤りも少なくない。

各部門で、集団主義から離脱するとともに、権威主義から脱却し、多様な知見を検討の俎上に載せ、国益を基本とし、国際平和にも寄与する、最良の選択をつねに追及すべきである。

主要参考文献

朝倉孝吉『新編日本金融史』日本経済評論社、一九八八年。

有賀敏之『中国日系企業の産業集積』同文舘、二〇一二年。

安藤良雄編著『昭和経済史への証言』(上) 毎日新聞社、一九六五年。

池尾和人『連続講義・デフレと経済政策』日経BPマーケティング、二〇一三年。

伊藤隆敏『インフレターゲティング』日本経済新聞社、二〇〇一年。

伊藤隆敏『インフレ目標政策』日本経済新聞出版社、二〇一三年。

岩田規久男『ゼロ金利の経済学』ダイヤモンド社、二〇〇〇年。

衣川恵『新訂日本のバブル』日本経済評論社、二〇〇九年。

衣川恵『地方都市中心市街地の再生』日本評論社、二〇一一年。

黒田東彦『財政金融政策の成功と失敗』日本評論社、二〇〇五年。

黒田東彦『通貨の興亡』中央公論新社、二〇〇五年。

小宮隆太郎・日本経済研究センター編『金融政策論議の争点―日銀批判とその反論』日本経済新聞社、二〇〇二年。

後藤新一『昭和金融史』時事通信社、一九九〇年。

白川方明『現代の金融政策―理論と実際』日本経済新聞出版社、二〇〇八年。

J・A・フランケル・服部彰編著『一九九〇年代の国際協調政策』同文舘、一九九二年。

鈴木武雄『金融緊急措置令とドッジ・ライン』清明会出版部、一九七〇年。

鈴木淑夫『日本の金融政策』岩波新書、一九九三年。

高須賀義博『現代日本の物価問題』新評論、一九七二年。

高橋亀吉『大正昭和財界変動史』上・中・下、東洋経済新報社、一九五四~五五年。

高橋亀吉・森垣淑『昭和金融恐慌史』清明会出版部、一九六八年。

高橋泰隆『昭和戦前期の農村と満州移民』吉川弘文館、一九九七年。

遠山茂樹・今井清一・藤原彰『昭和史』岩波新書、一九五九年。

内閣官房日本経済再生総合事務局『日本再考戦略』産業経済調査会、二〇一三年。

中村隆英『明治大正期の経済』東京大学出版会、一九八五年。

中村隆英『昭和史Ⅰ』東洋経済新報社、一九九三年。

中村政則『日本の歴史』第二九巻「労働者と農民」、小学館、一九七六年。

中村政則『昭和の歴史』第二巻「昭和の恐慌」、小学館、一九八二年。

日本銀行百年史編纂委員会『日本銀行百年史』第一巻〜第五巻、一九八二〜八五年。

日本農業研究会編『農業恐慌の全面的展望』第一輯、改造社、一九三二年（復刻版、御茶の水書房、一九七七年）。

日本農業研究会編『農業恐慌五ヶ年』第七輯、改造社、一九三二年（復刻版、御茶の水書房、一九七八年）。

野口悠紀雄『金融緩和で日本は破綻する』ダイヤモンド社、二〇一三年。

野口悠紀雄『虚構のアベノミクス』ダイヤモンド社、二〇一三年。

橋本寿朗『大恐慌期の日本資本主義』東京大学出版会、一九八四年。

浜田宏一『アメリカは日本経済の復活を知っている』講談社、二〇一三年。

浜田宏一・岩田規久男・原田泰『リフレが日本経済を復活させる』中央経済社、二〇一三年。

速水優『中央銀行の独立性と金融政策』東洋経済新報社、二〇〇四年。

原薫『日本の戦後インフレーション』法政大学出版局、一九六八年。

原田泰『日本を救ったリフレ派経済学』日本経済新聞出版社、二〇一四年。

樋口美雄『雇用と失業の経済学』日本経済新聞社、二〇〇一年。

深井英五『回顧七十年』岩波書店、一九三一年。

船橋洋一『通貨烈烈』朝日新聞社、一九八八年。

松尾良彦『日本のお金』大蔵省造幣局、一九九四年。

三上隆三『円の誕生』東洋経済新報社、一九七五年。
宮崎義一『ドルと円』岩波新書、一九八八年。
山本有造『両から円へ』ミネルヴァ書房、一九九四年。
吉川洋編著『デフレ経済と金融政策』慶應義塾大学出版会、二〇〇九年。
吉川洋『デフレーション』日本経済新聞出版社、二〇一三年。
吉富勝『アメリカの大恐慌』日本評論社、一九六五年。
吉野俊彦『円とドル』日本放送出版協会、一九八七年。

Bernanke, Ben S., Thomas Laubach, Frederic S. Mishkin and Adam S. Posen, *Inflation Targeting: Lessons from the International Experience*, 1999.
Fisher, I. "The Debt-Deflaiton Theory of Great Depression," *Econometrica*, Vol. 1, No. 4, 1933.
Galbraith, Jhon K., *The Great Crach 1929*, 1979.（牧野昇監訳『新訳大恐慌』徳間書店、一九八八年）。
Jonung, Lrs, "Knut Wicksell's Norm of Price Stabilization and Swedish Monetary Policy in the 1930's," *Journal of Monetary Economics*, Vol. 5, No. 4, 1979.
Keynes, John Maynard, *A Tract on Monetary Reform*, 1923.（岡部菅司・山内直訳『貨幣改革問題』岩波書店、一九二四年。『ケインズ全集』第四巻、中内恒夫訳『貨幣改革論』東洋経済新報社、一九七八年）。
Krugman, Paul R., *Currencies and Crises*, 1992.
OECD, *Towards Full Employment and Price Stability*, 1977.（小宮隆太郎・赤尾信敏訳『世界インフレと失業の克服』日本経済新聞社、一九七八年）。
Wood, Christopher, *The Bubble Economy*, 1992.（植山周一郎訳『バブル・エコノミー』共同通信社、一九九二年）。

[著者紹介]

衣《きぬ》川《がわ》　恵《めぐむ》

鹿児島国際大学・大学院教授．1949 年生まれ．中央大学大学院商学研究科博士課程修了．商学博士．著書，『新訂日本のバブル』日本経済評論社，2009 年，『地方都市中心市街地の再生』日本評論社，2011 年ほか．

日本のデフレ

2015 年 10 月 15 日　第 1 刷発行

定価（本体 2700 円＋税）

著　者　衣　川　　恵

発行者　栗　原　哲　也

発行所　株式会社 日本経済評論社

〒101-0051 東京都千代田区神田神保町 3-2
電話 03-3230-1661／FAX 03-3265-2993
E-mail: info8188@nikkeihyo.co.jp
振替 00130-3-157198

装丁・渡辺美知子　　太平印刷社／高地製本所

落丁本・乱丁本はお取替えいたします　Printed in Japan

ISBN978-4-8188-2397-6